Regina Finke

Weil ich nein sagen darf

Körper, Sexualität und Gefühle:
Starke Kinder können sich besser schützen

Inhalt

Vorwort

Viele Eltern haben Angst um die Unversehrtheit ihrer Kinder, vergeht doch kaum eine Woche, in der nicht in Zeitungen, im Radio und im Fernsehen vom sexuellen Mißbrauch an Mädchen und Jungen die Rede ist. Da hilft es auch nicht zu wissen, daß die Anzahl dieser Verbrechen rein statistisch in den letzten Jahren nicht zugenommen hat. Mögen die einzelnen Berichte über sexuelle Verbrechen an Kindern auch nach einer Weile in Vergessenheit geraten, wenn oder weil wir nicht direkt betroffen sind: Was bleibt, ist eine unterschwellige Furcht vor dem Unfaßbaren und die bange Frage: „Wie kann ich mein Kind davor bewahren?"

So stellt sich das Thema „Sexualität und Kind" in der öffentlichen und privaten Diskussion zunehmend von seiner dunklen, schmutzigen und aggressiven Seite dar. Manche Eltern möchten ihr Kind am liebsten ganz von „sexuellen Dingen" fernhalten. Das Kind soll gar nicht erst damit in Berührung kommen in der trügerischen Hoffnung, es mögen ihm dann auch Mißbrauchserfahrungen erspart bleiben. Sexualität fällt jedoch nicht erst mit vierzehn oder fünfzehn Jahren vom Himmel oder steigt aus den Keimdrüsen empor. Das Kind ist von Anfang an ein Geschlechtswesen. Nur, wie können wir es in seiner Sexualentwicklung begleiten und gleichzeitig für die Gefahren des sexuellen Mißbrauchs sensibilisieren?

Ich möchte mich in diesem Buch diesen Fragen nähern und Ihnen Gedanken und ganz praktische Anregungen zur Verfügung stellen, die uns und vor allem den Kindern durch eine umfassende Sexualerziehung mehr Selbstvertrauen geben und so auch Ängste nehmen können. Denn Panik und Angst sind die schlechtesten Ratgeber, wenn es um Mißbrauch geht. Das gilt sowohl für die Prävention, also die vorbeugende Erziehung, wie auch für Prozesse, in denen es um die Abklärung eines Verdachts geht.

Kennen Sie auch noch die gut gemeinten Warnungen der Eltern: „Gehe nicht mit fremden Männern!" oder „Nimm keine Bonbons von Fremden an!"? Mir klingen sie noch im Ohr. Zwar hatte ich nicht die geringste Ahnung, was diese Herren im Schilde führen, noch, was ich tun könnte, um mich ihrer gegebenenfalls zu erwehren. Die Warnungen meiner Eltern haben mir auch nicht geholfen, wie ich als Kind auf dem Schoß meines heißverehrten Rollschuhtrainers saß und mir so „komisch" zumute war, daß ich mit keinem darüber reden konnte. Es war ja nichts „Richtiges" passiert, er war ja auch kein Fremder. Ich wollte ja auch „artig" sein, und schließlich war es nur so ein Gefühl … !

Mit den Warnungen deutlich angekommen ist bei mir einzig die Botschaft: Angst. Nun wissen wir aber, daß Angst lähmt und Gefühle von Hilflosigkeit und Ausgeliefertsein verstärken kann. Vergleichende Untersuchungen haben festgestellt, daß Täter Menschen als Opfer „bevorzugen", die allein durch Körperhaltung und Verhaltensweisen Unsicherheit, Angst, Unkenntnis und emotionale Bedürftigkeit signalisieren.

Genau dort setzen Überlegungen zur präventiven Erziehung an. Die Kinder nicht noch kleiner machen durch verängstigende und verschlüsselte Warnungen, sondern sie stärken in einem vertrauensvollen Kontakt, sollte unsere Devise sein. Ziel ist, daß Kinder ihren Körper kennen- und liebenlernen, daß sie ihre Sexualität als zu sich gehörig begreifen, daß sie sich selbst und ihren Gefühlen vertrauen und sich gegebenenfalls Hilfe holen können. So geht es in diesem Buch um die Stärkung des Selbstbewußtseins der Kinder im Zusammenhang mit einer offenen und benennenden Sexualerziehung. Denn starke und aufgeklärte Kinder sind besser geschützt. Besser schon, aber: Einen hundertprozentigen Schutz gibt es nicht. Grundsätzlich kann jedes Kind Opfer eines sexuellen Mißbrauchs werden, so wie jede Frau Opfer einer Vergewaltigung und jeder Mann Opfer eines Raubüberfalls. Das bedeutet nicht, daß sich Überlegungen hinsichtlich vorbeugender Maßnahmen damit erledigt hätten. Wir wissen ja auch, daß wir Kinder grundsätzlich nicht vor Verkehrsunfällen schützen können. Zwar bereiten wir sie auf die Gefahren der Straße durch eine kindgemäße Form der Verkehrserziehung vor, um ihr Handlungsrepertoire in brenzligen Situationen zu vergrößern. Da lernt das Kind ganz wachsam, bei „Rot" stehenzubleiben – und dann übersieht doch ein unaufmerksamer Fahrer das Fahrrad …

Alle Vergleiche hinken – auch dieser. Es ist mir nur wichtig, gleich zu Anfang zu verdeutlichen, daß wir Erwachsenen, also Eltern, Erzieher, Lehrer, ein Risiko verringern, es aber nicht ausschließen können. So bitter das ist. Trotz alledem: Ergreifen wir diese Chance, wir haben keine andere. Schließlich wissen wir auch, daß die Verschärfung des gesetzlichen Strafrahmens allenfalls unsere Gefühle von Ohnmacht und Hilflosigkeit lindern können – keinesfalls werden sie sexuelle Gewalttaten an Kindern ausschließen.

Kinder in ihrem Selbstbewußtsein zu stärken und ihnen in ihrer Persönlichkeits- und Sexualentwicklung vertrauensvolle Begleiter zu sein, ist ohnehin eine lohnende Aufgabe, weil uns das Glück unserer Kinder am Herzen liegt. Dafür will dieses Buch Grundlagen liefern. Und außerdem kann es auch Spaß machen, mit den Kindern die Einzigartigkeit und Vielfalt des Menschen, und hier insbesondere seines Körpers, seiner Sexualität und seiner Gefühle, neu zu entdecken.

„Ich will kein Küßchen" – Wo Mißbrauch beginnt, und wie Sie Ihre Kinder schützen

Kinder begegnen ihrer Welt zunächst voller Neugier und Vertrauen. Sie fühlen, schmecken, begreifen ihre Umgebung, sie fragen, toben und spielen. Um wachsen und sich in dieser Welt zurechtfinden zu können, sind sie auf die Unterstützung, Begleitung und Anleitung von Erwachsenen angewiesen. Ihre Seelennahrung besteht aus Liebe, Zärtlichkeit und Geborgenheit. Jeder Junge und jedes Mädchen begegnet uns Erwachsenen mit größtem Vertrauen, damit wir für diese Nahrung sorgen.

Wird ein Kind von einem Erwachsenen sexuell mißbraucht, so benutzt er die Liebe, das Vertrauen und die Abhängigkeit des Kindes für die Erfüllung seiner Bedürfnisse, die auf sexuelle Befriedigung und leider oft auch Machterwerb zielen.

Wenn Erwachsene ihre Macht mißbrauchen

Sexueller Mißbrauch ist vor allem ein Delikt, bei dem es um Macht geht. Sexualität ist das Mittel, das Instrument des Machtmißbrauchs. Überall, wo eine Gruppe oder eine Person Macht über andere hat, ist das Risiko inbegriffen, daß diese Position für die Bedürfnisse der Mächtigen mißbraucht wird. Erwachsene haben Macht über Kinder: Von daher können sie Mädchen und Jungen zu Opfern sexuellen Mißbrauchs machen. In unserer Gesellschaft haben darüber hinaus Männer mehr Macht als Frauen; mithin ist das Machtgefälle zwischen Männern und Mädchen am größten: Deshalb sind vor allem Mädchen vor allem durch sexuellen Mißbrauch von Männern gefährdet.

Die Dunkelziffer ist jedoch bei Mädchen und Jungen gleichermaßen hoch. Zur Anzeige und in die Schlagzeilen kommen vor allem die spektakulären Sexualverbrechen, bei denen fremde Täter sich an Kindern vergehen. Oder die in jüngerer Zeit bekannt gewordenen Fälle, in denen organisierte Banden Kinderpornographie produzieren.

Dies ist jedoch nur die Spitze des Eisberges. Denn tatsächlich gehören Mißbrauchserfahrungen für viele Mädchen und Jungen zum Lebensalltag. Der Schrecken des „Normalen" ist ungleich bedrohlicher als der des medienwirksam vermarkteten Verbrechens.

Wo fängt sexueller Mißbrauch an?

Sexueller Mißbrauch hat viele Gesichter: Wenn es auch in allen Fällen um Macht und Unterwerfung von wehrlosen und abhängigen Kindern geht, so muß Mißbrauch nicht zwangsläufig mit körperlicher Gewaltanwendung einhergehen. Oft wird die Liebe und Zuneigung des Kindes ausgenutzt, um es gefügig zu machen: „Du hast mich doch auch lieb, oder?" Da Mißbrauchshandlungen öfter kein einmaliges Geschehen darstellen, werden die betroffenen Kinder gleichzeitig unter massiven Geheimhaltungsdruck gesetzt: „Wenn du unser Geheimnis weitererzählst, haben dich Mama und Papa nicht mehr lieb ..." oder „... stirbt die Mama vor Kummer!" Wo aber genau beginnt der sexuelle Mißbrauch von Kindern? Mißbrauch ist, wenn Mädchen oder Jungen überredet oder angeleitet werden,

❍ sich nackt zu zeigen oder sich in pornographischer Pose fotografieren zu lassen;
❍ Zungenküsse zu geben;
❍ sich im Intimbereich mit Händen oder Gegenständen berühren zu lassen;
❍ den Intimbereich des Erwachsenen zum Zwecke seiner Lustbefriedigung zu berühren;
❍ den Erwachsenen mit der Hand oder dem Mund zu befriedigen;
❍ oralen, analen oder vaginalen Geschlechtsverkehr zu erdulden.

Dies ist eine unvollständige Auflistung von Grenzverletzungen und Verbrechen an Kindern. Den Tätern mag es gelingen, ihre Schuldgefühle mit der Zeit zu verdrängen, die seelische und körperliche Verletzung des Kindes aber nimmt beispielsweise mit verwandtschaftlicher Nähe des Täters, Dauer der Übergriffe und dem Druck der Geheimhaltung zu.

Die Kinder: verraten, verwirrt und verletzt

Mißbrauchte Kinder fühlen sich
❍ verraten, weil ihr Vertrauen, das sie Erwachsenen entgegenbringen, für ein Verlangen ausgenutzt wird, das ihnen fremd und unverständlich ist;
❍ verwirrt, weil sie das oft in völligem Schweigen und in der Dunkelheit Geschehende der Realität nicht zuordnen können;
❍ einsam, weil sie ihre Verwirrung durch das Schweigegebot nicht mitteilen können;
❍ beschädigt und wertlos, weil ihre Körpergrenzen gegen ihren Willen (oft auch fortwährend) verletzt werden;
❍ voller Scham durch die Konfrontation mit den ihrer Entwicklung unangemessenen Formen von Sexualität;
❍ hilflos, weil sie unfähig sind, den Mißbrauch selber zu beenden;
❍ ausgestoßen, weil sie sich selbst Schuld am Erlebten geben.

Diese Verletzungen können bis ins Erwachsenenleben wirken und machen sich mitunter in Störungen der Sexualität, in Beziehungsproblemen, in Depression, Drogenmißbrauch und Angstzuständen bemerkbar.

7

Die Eltern: verunsichert und ratlos

„Jeder Mann ist ein potentieller Täter!" –
Diese hitzige Parole feministisch orientier-
ter Selbsthilfegruppen hat seit den acht-
ziger Jahren Mißtrauen in so manche
Familien und Kindergärten getragen. Die
öffentliche Diskussion hat allerdings nicht
nur Gutes gebracht. Viele Eltern sind verunsichert. Könnte es passieren, daß wir
unsere Kinder quasi „aus Versehen" mißbrauchen? Verunsicherte Eltern sind jedoch ein schlechtes Team für Kinder, die
nach Orientierung und Sicherheit suchen.
Positiv bleibt, daß wir wissen, daß es „so
etwas" gibt. Das hält uns wach in der
Wahrnehmung unserer Umwelt. Wir
achten auf das Verhalten unseres Kindes.
Das macht uns auch kritischer uns selbst
gegenüber: „Mit welcher Haltung
begegne ich meinem Kind?"

Die Grenzen des Kindes werden überschritten

Wir sind schnell dabei, ein wildfremdes
Kind über sein „entzückendes Wuschel-
köpfchen" zu streicheln. Wie würden wir
aber selbst reagieren, wenn uns ein Fremder aus heiterem Himmel zärtlich kosen
würde? Andererseits, würde es uns einfallen, ebenso spontan das schüttere Haar
unseres Chefs zu liebkosen, falls uns un-
verhofft eine Welle der Zuneigung zu ihm
überwältigen sollte? Grenzüberschreitung,
das Nicht-Wahrnehmen-Wollen der Nähe-
und Distanzbedürfnisse unseres Gegen-
übers, drückt immer auch eine Haltung
mangelnden Respekts aus und hat mit
körperlicher Überlegenheit zu tun.

*Eine Weile glaubte ich, beim
„Schmusetoben" meinem Kind
höchsten Genuß zu bereiten, wenn
ich es – wie ich meinte „zärtlich" –
in die Pobacke biß. Der kleine Luca
war damals etwa zwei Jahre alt. Ich
weiß nicht, wie oft ich sein anfangs
noch kicherndes „Nein" überhört
habe, bis er in der Bewegung inne-
hielt, mich bitterböse anschaute und
vehement forderte: „Nicht tun,
Mama!" Ich war in diesem Moment
ganz verstört und habe mich
geschämt dafür, mit welcher Selbstverständlichkeit ich mein eigenes
Bedürfnis zu seinem gemacht habe.
Eigentlich hätte ich sein „Nein"
früher hören können, aber ich habe
es nicht hören wollen in dem Irr-
glauben: „Was mir Spaß macht, muß
doch auch ihm Spaß machen!"*

Die Körpergrenzen des Kindes zu über-
schreiten heißt, ihm sein Selbstbestim-
mungsrecht abzusprechen. Damit dies
nicht zu leicht geschehen kann, müssen
Kinder von den ersten Lebenstagen an
ihre Bedürfnisse nach Nähe und Distanz
zeigen und artikulieren dürfen. **Denn
wenn ein Kind nicht ausdrücken oder
sagen kann und darf, was es will und was
nicht, verlernt es auch bald, sein Zärt-
lichkeitsbedürfnis selbst zu regeln.
Dann machen andere möglicherweise
in Zukunft mit ihm, was sie wollen.**

Die Absicht entscheidet

Kinder brauchen Zärtlichkeit und Körpernähe – wer möchte das bestreiten? Viele Erwachsene fragen sich aber, was sie eigentlich „noch" dürfen. Einige Väter und auch Erzieher vermeiden den Körperkontakt mit Kindern aus Furcht, den Verdacht des Mißbrauchs zu erwecken. Selbst das Wickeln überlassen Väter deshalb oftmals den Frauen. Kann es denn auch hier zu sexuellem Mißbrauch kommen?

Stellen Sie sich vor, die Windel Ihres sechsmonatigen Söhnchens ist fällig. Das Baby räkelt sich genüßlich auf der Wickelkommode. Sie nehmen ein Tröpfchen Öl und massieren den speckigen Körper. Ein Pustekuß auf den Bauchnabel entlockt dem Kind kicksende Lacher. Mit seinen Händchen findet es sein kleines Glied und spielt damit. Sie freuen sich an der unbefangenen Art des Babys, Lust zu empfinden und Glück zu verströmen, begleiten es mit leisen, aufmunternden Worten – da geht die Tür auf und Ihre Frau kommt herein. Sie nimmt die Situation wahr, sieht das versteifte Glied des Kleinen – und stutzt.

Vielleicht stutzt sie auch gar nicht, vielleicht stutzen nur Sie und fragen sich, was Ihre Frau jetzt wohl über Sie denken mag!? Fragen Sie sich, ob Sie eine Grenze in Richtung Mißbrauch überschritten haben? Die Antwort kann in diesem Fall nur „Nein" lauten. Die Situation ließe sich ziemlich unkompliziert bereinigen, indem Sie Ihre Frau an Ihren widersprüchlichen Gefühlen teilhaben lassen. Problem benannt – Problem gebannt.

Ich versuche einmal, die gleiche Situation zu beschreiben, die eine andere Antwort verlangen müßte, und beginne neu mit dem Satz: „... und spielt damit." Fasziniert beobachten Sie Ihr Kind und spüren unversehens, wie sich in Ihrer Hose auch „etwas" zu rühren beginnt. Was jetzt? Auch das kann passieren und muß mit Mißbrauch noch nichts zu tun haben. Reden Sie mit Ihrer Frau darüber. Vielleicht hat sie auch schon einmal sexuelle Empfindungen etwa beim Stillen gehabt und war darüber so irritiert, wie Sie es jetzt sind. Überlegen Sie gemeinsam, wie Sie mit solchen Gefühlen künftig umgehen wollen und wie Sie sich gegenseitig unterstützen können, Grenzen zu ziehen.

○ Denn entscheidend dafür, ob es sich um Mißbrauch handelt oder nicht, ist nicht allein das Gefühl der eigenen Erregung, sondern der Umgang damit.

Die Geschichte könnte auch so weitergehen: Sie sehen das versteifte Glied des Kleinen und sind möglicherweise überrascht. Doch Sie genießen Ihr sexuelles Spannungsgefühl und hoffen insgeheim, Ihr Kind möge in seinem Spiel nicht nachlassen, damit Sie Ihre sexuellen Empfindungen auskosten können. Solche Emfindungen zielen auf Mißbrauch hin. Auch dann, wenn das Kind wie hier nicht einmal berührt wurde. Ein und dieselbe Handlung muß nicht dasselbe bedeuten.

○ Entscheidend ist die Absicht des Erwachsenen, der die Situation erlebt und zum Zwecke seiner eigenen Bedürfnisbefriedigung herbeiführt.

Die Gefühle des Kindes entscheiden

Mit Kindern nackt im Bett? Ist das noch okay? Susanne berichtet ganz unbefangen. Sie genießt die Situation von Nähe und Körperwärme und fühlt sich geborgen und sicher. Nacktheit scheint in der Familie nichts Außergewöhnliches, der Sonntagmorgen im Bett ein Familienritual zu sein.

Diese Tatsachen an sich haben nichts mit Mißbrauch zu tun, auch wenn die Oma das als „unanständig" empfindet.

Die Situation würde sich verändern, wenn Susanne keine Lust mehr hat, sonntags ins gemeinsame Bett zu kommen oder beginnt, sich ihrer Nacktheit und der der Eltern zu schämen. Wenn die Eltern darüber hinweggehen und darauf bestehen, daß Susanne sich an die alten „Regeln" hält, benutzen sie ihre elterliche Machtposition, um das Kind entgegen ihren eigenen Bedürfnissen zu Körpernähe und „Unverklemmtheit" zu zwingen. Verschärft würde das Ganze, wenn die Eltern die Nähe der Kinder suchen, um sich selbst sexuell zu stimulieren.

Das bedeutet, daß die Kinder immer auch entscheiden und entscheiden sollen, welche Situationen und Berührungen ihnen angenehm und welche unangenehm sind. Das heißt auch, daß die Kinder entscheiden, wann für sie Mißbrauch beginnt – unabhängig davon, ob sich der Erwachsene ihnen in bewußt mißbräuchlicher Absicht nähert oder nicht. Die Kinder können das, denn sie haben ein feines Gespür für Situationen, die „nicht stimmen".

Susanne erzählt: Sonntags ist es immer schön bei uns. Mein Bruder Jonas und ich dürfen dann zu Mama und Papa ins Bett kommen, und da schmusen und toben wir uns so richtig aus. Mama und Papa freuen sich, daß sie nicht arbeiten müssen, und wir haben alle ganz viel Zeit. Manchmal verstecke ich meinen Kopf in Mamas Busen, und den Papa zwicke ich in den Po. Wir vier sind dann so richtig zusammen. Das ist toll. Meine Oma findet das unanständig, weil wir alle ohne was an schlafen und auch in der Wohnung nackt herumrennen, wenn es warm ist. Ich finde das ganz normal.

Der Erwachsene hat die Aufgabe, diese
Signale wahrzunehmen und zu respektieren und sich seine eigenen Motive und
Bedürfnisse zu verdeutlichen.
Berührung, Zärtlichkeit, Nähe, das alles
braucht das Kind zu seiner Entwicklung.
Es kann sich freuen, wenn seine Eltern
und andere Erwachsene, denen es anver-
traut ist, willens und in der Lage sind,
ihm diese Seelennahrung zu geben.
Die Schädigung der Kinder beginnt,
wenn seine Bedürfnisse auch für die sexuelle Befriedigung des Erwachsenen mißbraucht werden. Das geschieht nicht „einfach so" oder „aus Versehen", ohne daß
es vom Erwachsenen gewollt und ange-
steuert wird.
Jede Handlung am Kind ist zu unterlassen
und jede Situation zu beenden, die den

> ## Was Mißbrauch ist und was nicht
>
> Darüber entscheiden:
> ○ der Wunsch nach sexuellen Hand-
>   lungen, die allein oder vorwiegend
>   der Bedürfnisbefriedigung des
>   Erwachsenen dienen,
> ○ die Absicht des Erwachsenen und
> ○ die Gefühle des Kindes selbst.

Beigeschmack hat, der sexuellen Erregung
und/oder Befriedigung des Erwachsenen
zu dienen. **Jede Berührung und jede Zärtlichkeit, die dem Kind Freude und das
Gefühl vermittelt: „Ich werde geliebt! Die
Menschen und das Leben sind mir wohl-
gesonnen!" ist nachhaltig zu begrüßen.**

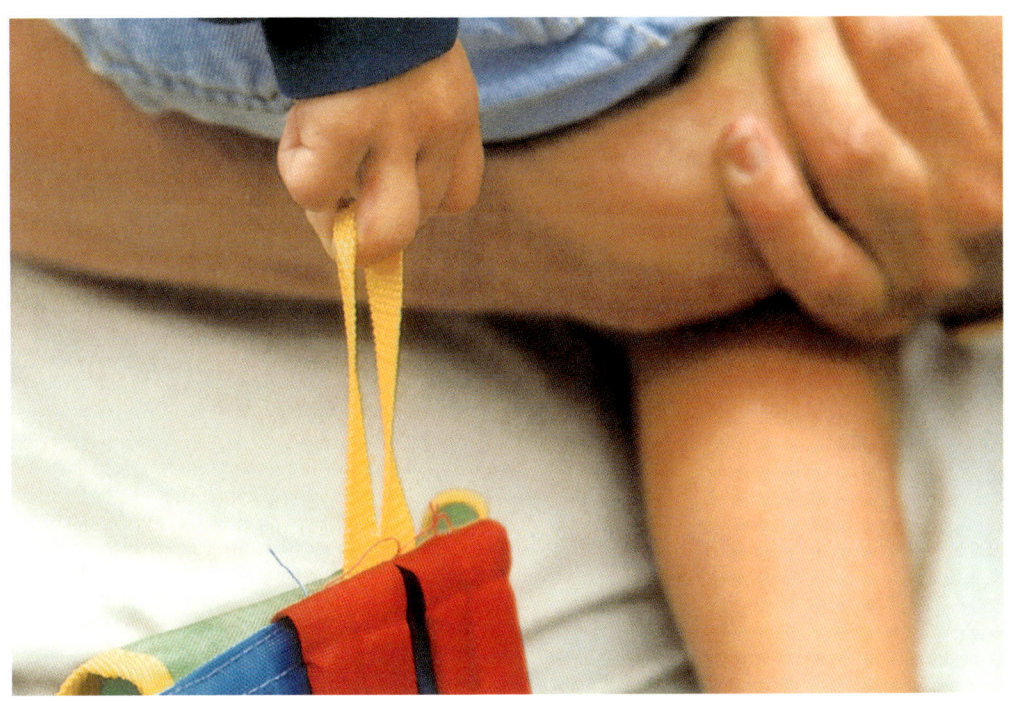

Starke Kinder können sich besser schützen: Prävention durch Selbst-Bewußtsein und Selbst-Bestimmung

Selbstbewußtsein macht stark, und nur starke, aufgeklärte Kinder können sich gegen einen Mißbrauch ihrer Bedürfnisse erfolgreich zur Wehr setzen. In unserem Bemühen, die Kinder zu Selbstvertrauen und Selbstbestimmung zu erziehen, müssen wir jedoch eines beachten: Wie in allen Lernprozessen lernen die Kinder gerade dort, wo wir es am wenigsten vermuten und beabsichtigen. Botschaften ohne Worte in der Haltung und im Tun der Erwachsenen werden wesentlich genauer registriert als das, was wir Kindern – wenn auch noch so wohlwollend – gezielt und feinsinnig didaktisch aufbereitet mitteilen. **DESHALB:** Prävention bedeutet mehr als ein Programm, das man etwa in schulischer Weise in einer bestimmten Zeiteinheit „durchnimmt". Sie meint eine Haltung zum Kind, die seine Eigenständigkeit respektiert, seine Grenzen und seine Gefühle achtet, aber auch grenzgebend und somit orientierend wirkt. Wir sind als Anleitung und Vorbild gefragt. Nur wenn wir fordern, daß unser Kind an der roten Ampel stehenbleibt und es dann auch selbst tun, lernt das Kind wirklich. **Erst wenn die Haltung der Erwachsenen „stimmt", werden auch Erziehungsprogramme für das Kind glaubwürdig und hilfreich sein.**

Täter nutzen aus, wenn Kinder zu wenig Aufmerksamkeit, Lenkung, Anleitung, Zuwendung und Zärtlichkeit zu Hause bekommen. Sie mißbrauchen Kinder für ihre egoistischen Absichten.

DESHALB: Präventive Erziehung heißt, mit den Kindern eine vertrauensvolle, sichere und zärtliche Beziehung zu leben. Sie will die Eltern und andere Bezugspersonen ermutigen, alles dafür zu tun, dem Kind zu vermitteln: **„So wie du bist, bist du willkommen und geliebt!" Das muß nicht heißen, daß jedes Verhalten o.k. ist.**

Täter machen sich zunutze, daß Sexualität in manchen Familien tabu ist. Kinder fühlen sich mit ihrer Neugier, ihren Gefühlen und Erfahrungen mit eigener sinnlicher Lust alleingelassen und als Geschlechtswesen nicht an- und ernstgenommen. Täter nutzen das Interesse der Kinder gerade an Dingen, die „verboten" und „kitzlig" sind, für ihre Bedürfnisse. **DESHALB:** Prävention meint Sexualerziehung in dem Sinne, daß Eltern ihre Kinder in ihrer Sexualentwicklung vertrauensvoll begleiten. Kinder lernen, Körpergefühle zu genießen. Sie lernen, daß Sexualität etwas Schönes ist, das ihnen gehört: **„Ich mag meinen Körper!"** Wir Erwachsene sind aufgefordert, zu akzeptieren, daß Kinder Geschlechtswesen von Anfang an sind und uns auch mit unserer eigenen Haltung zur Sexualität auseinanderzusetzen.

Kinder haben eigentlich ein gutes Gespür dafür, wann eine Situation „okay" ist und wann sie „komisch" zu werden beginnt. Sie bemerken die Grenze von wohltuenden Zärtlichkeiten zu sexuellen Übergriffen. Oftmals trauen sie ihren Gefühlen jedoch nicht oder nicht mehr, weil wohlmeinende Erwachsene viel zu oft zu wissen scheinen, was „gut für sie" ist: „Das schmeckt doch gut!" „Das tut doch gar nicht weh!"

DESHALB: Vorbeugende Erziehung bestärkt die Kinder in der Wahrnehmung und Äußerung ihrer ureigenen Gefühle. Sie brauchen dafür Selbstvertrauen, das bedeutet, **die Kinder lernen, sich selbst und ihren Gefühlen zu vertrauen und Grenzen zu erkennen.**

Täter nutzen aus, daß Kindern – leider oft mehr den Mädchen – manchmal zu sehr beigebracht wird, sich dem Willen von Erwachsenen zu beugen. „Blinder Gehorsam" verhindert, daß Kinder das Verhalten und Wollen von Erwachsenen in Frage stellen und sich gegebenenfalls zur Wehr setzen können.

DESHALB: Prävention will **Kinder ermutigen, „Nein" zu sagen,** auch und gerade Eltern und anderen Erwachsenen gegenüber. Das erfordert gesundes Selbstbewußtsein vom Kind. Präventive Erziehung will dieses Selbstbewußtsein stärken. Beim Erwachsenen erfordert dies Vertrauen und Gelassenheit und reflektierende Anleitung des Kindes.

Täter offenbaren ihr Schuldbewußtsein durch den Geheimnisdruck, den sie auf Kinder ausüben. Durch dieses Schweigegebot hinterläßt der sexuelle Mißbrauch bei den Kindern schwerwiegende psychische Schäden: Die Kinder fühlen sich allein und ausgestoßen; es gibt niemanden, dem sie sich in ihrer Not anvertrauen können. Kinder wollen auch nicht als

„Petze" dastehen und/oder fürchten die angedrohten Konsequenzen, wenn sie das Geheimnis preisgeben. Oft haben sie Angst, daß ihnen nicht geglaubt wird.

DESHALB: Prävention hilft den Kindern, zwischen guten und schlechten Geheimnissen zu unterscheiden und befreit die Kinder damit aus der Loyalitätskrise: Sie wissen, daß sie **schlechte Geheimnisse weitererzählen dürfen** und haben Vertrauen, daß ihnen geglaubt und geholfen wird. In diesem Sinne fordert uns Prävention dazu auf, den Kindern voll und ganz zu vertrauen und mit dem Kind und im Sinne des Kindes Lösungsschritte zu entwickeln.

Täter nutzen die Unwissenheit der Kinder über ihren Körper und seine Funktionen aus. Viele Kinder bleiben mit ihren Fragen allein, wenn sie keine Orientierung erhalten und ihnen ihr eigener Körper und der des anderen Geschlechts fremd und „unaussprechlich" bleibt: „Darüber spricht man nicht!"

So kann der Geheimnisdruck schon allein durch die Sprachlosigkeit der Kinder entstehen oder sich verschärfen, weil sie nicht wissen, wie sie von sexuellen Übergriffen erzählen sollen. Manche Kinder befürchten auch Strafe, wenn sie von „so etwas Unanständigem" sprechen wollen.

DESHALB: Kinder lernen ihren Körper und seine Funktionen kennen und benennen. Sie wissen, wie sich Junge und Mädchen unterscheiden, und dürfen stolz darauf sein, so zu sein, wie sie sind. In diesem Sinne meint Prävention auch **Sexualaufklärung.**

„Ich bin ich, und das ist gut" –
Sexualerziehung ist mehr als man denkt

Es scheint heute eher üblich und auch leichter zu sein, über die Gefahren des sexuellen Mißbrauchs zu sprechen als über die eigene Sexualität und die der Kinder. Das ist ungefähr so, als wolle man Kindern die Liebe zur Umwelt und Natur vermitteln, indem man ausschließlich von Umweltverschmutzung und Naturkatastrophen berichtet. Die Frage, wie wir unsere Kinder vor sexuellem Mißbrauch schützen können, beinhaltet gleichzeitig die Frage nach einer offenen, benennenden und präventiven Sexualerziehung. Wenn wir darüber nachdenken, wie wir unsere Kinder erziehen wollen, welche positiven Erfahrungen wir sie machen lassen und wie wir mit ihnen über ihren Körper und ihre Gefühle in Dialog treten wollen, kommen wir nicht umhin, uns über unsere eigene Sexualität Gedanken zu machen. **Wir müssen uns darüber klar werden, was wir eigentlich selbst unter Sexualität verstehen und mit welcher Haltung und welchen Bewertungen wir ihr begegnen. Denn das entscheidet letztlich auch darüber, was wir unseren Kindern weitergeben.**

Was ist Sexualität eigentlich?

Obwohl Sexualität ein häufig gebrauchter Begriff ist und angeblich jeder weiß, was damit gemeint ist, scheint es keine griffige Formel dafür zu geben im Sinne von: „Sexualität ist ..." Unter biologischen Gesichtspunkten dient sie der Fortpflanzung. Doch nicht erst mit der Geschlechtsreife beginnt Sexualität eine Rolle zu spielen, schon weit vorher haben wir sexuell empfunden, erste Erfahrungen bei Körperspielen gemacht, die Freuden und Tränen erster Verliebtheit genossen und erlitten – ohne im entferntesten an Fortpflanzung zu denken. Auch Kinder haben ihre ganz eigene Sexualität. Doch damit ist die Frage nach dem Wesen der Sexualität weitgehend unbeantwortet.

Eine andere, leider noch immer gängige Vorstellung von Sexualität ist die, daß sie sich aus einem Trieb speise. Ähnlich wie bei Hunger und Durst steigere sich das Bedürfnis, bis es „zwangsläufig" befriedigt werden müsse. Diese Annahme legt ein Bild nahe, das die Sexualität als den Menschen fremdbestimmenden Trieb zeigt, dem wir mehr oder weniger hilflos ausgeliefert sind. Damit hätte sich auch die Frage nach der Eigenverantwortung des Menschen für sein Tun erledigt. Dieses Gedankenmodell kann man getrost als durch Untersuchungen und

Erfahrungen widerlegt bezeichnen. Wir alle machen die Erfahrung, daß eine Arbeit, die uns sehr beansprucht, das sexuelle Bedürfnis auch über längere Zeiträume hinweg in die Abstellkammer verbannen kann. Auch in einer langjährigen Partnerschaft, die von alltäglicher Routine bestimmt ist, müssen größere Phasen von Abstinenz keinen Leidensdruck hervorrufen. Sexuelle Motivation und Energie sind also ganz entschieden von Außenreizen abhängig.

Sexualität ist Verständigungsmittel

Sexualität ist mit Sprache gut zu vergleichen. Auch für das Sprachvermögen bringt das Kind eine körperliche und geistige Grundausstattung mit. Nur ob und wie differenziert es sich ausdrücken und mitteilen kann, hängt weitgehend von der Kommunikationsbereitschaft und -fähigkeit seines Elternhauses ab. Was die Sexualität betrifft, so lernt das Kind im Laufe seiner Entwicklung mit seinem ganzen Körper und all seinen Sinnen sprechen und angesprochen zu werden; es erlangt Kenntnisse über sich selbst und später über seinen Partner, die ihm sonst verschlossen blieben. Wie heißt es in der Bibelübersetzung Martin Luthers? „... und er erkannte sie!"

So können wir Sexualität als Mittel ganzheitlicher Verständigung begreifen: Sie ist auf uns selbst und gleichzeitig auf einen Partner ausgerichtet. Sie schließt somit Verantwortung für uns und den anderen mit ein. Sexualität hat zum Ziel, Liebe und Lust zu spenden und zu empfangen. Sie folgt in allen Kulturen den gleichen körperlichen und seelischen Bedürfnissen nach Wärme, Wertschätzung, Kontakt und Lustbefriedigung. Sie ermöglicht Freude, Gemeinschaft, sinnliche Lust und Liebe – und auch Fortpflanzung. In diesem Sinne meint sie deutlich mehr als den Gebrauch der Geschlechtsorgane. Sie beansprucht Leib und Seele, Kopf und Körper. Sie befähigt zur Liebe und umfaßt jede sexuelle Handlung, die einen Menschen weder seelisch noch körperlich verletzt – mag sie nun bürgerlichen Konventionen entsprechen oder nicht.

Sexualität wird erlernt

Wie das Sprachvermögen entwickelt sich die Sexualität eines Kindes von Geburt an – im Wechselspiel der körperlichen und seelischen Bedürfnissen des Kindes und der Art und Weise, wie seine Eltern damit umgehen.

- ❍ Wie sehr wir unseren Körper mögen,
- ❍ wie gut wir Körpergefühle wahrnehmen und Nähe genießen können,
- ❍ wie wir unsere Geschlechterrolle erleben,
- ❍ welche Signale wir als sexuell erregend empfinden,
- ❍ welche sexuellen Vorlieben wir entwickeln,
- ❍ wie deutlich wir unsere Bedürfnisse mitteilen können und
- ❍ wie einfühlsam wir für die des Partners oder der Partnerin sind.

Das alles ist nicht in unseren Genen angelegt, sondern Ergebnis von langjährigen Erfahrungen und Lernprozessen. Unsere Auffassung von Sexualität, unser Umgang mit ihr und unsere Haltung zu ihr, sind deshalb auch ein wesentlicher Bestandteil unserer Persönlichkeit.

Unterschiede von kindlicher und erwachsener Sexualität

Ein sexuelles Wesen von Geburt an

Kinder sind sexuelle Wesen von Geburt an. Das heißt ja nicht, daß Kinder von Geburt an das Bedürfnis hätten, eine vorwiegend auf die Geschlechtsorgane bezogene Sexualität zu leben. Gemeint ist vielmehr, daß ein Kind schon von Geburt an in der Lage ist, körperbezogene und lustvolle Erfahrungen zu machen. Körperliche „Lustzonen" sind nicht oder nicht vorwiegend die Sexualorgane, sondern unterschiedliche, alters- und entwicklungsbedingt wechselnde Körperregionen wie Haut, Haar, Mund, Nase, Ausscheidungs- und Geschlechtsorgane. Das Kind kommt mit dem ganzen Körper zur Welt und trennt nicht zwischen Fortpflanzungsorganen, Bewegungs- und Sinnesapparat. Das bringen nur wir Erwachsenen fertig.

Jana ist viereinhalb Jahre alt. Vor geraumer Zeit hat sie ein Spiel für sich entdeckt, das ihr höchste Wonnen bereitet. Sie zupft kleine Wollteile vom Pullover ihrer Mutter, dreht sie zwischen den Fingern zu winzigen Pinseln und kitzelt sich damit versonnen die Nasenspitze. Dabei bringt sie das Kunststück fertig, gleichzeitig am Daumen zu nuckeln. Ihre Augen sind nach innen gerichtet und signalisieren Lust und Glück.

Jedes Kind bringt seine ganz individuelle Körperlichkeit mit. Das bedeutet, daß sich Kinder auch in ihrem Körperverständnis und ihren spezifischen Bedürfnissen sehr unterschiedlich entwickeln können. Dennoch läßt sich verallgemeinernd sagen, daß sich die kindliche Sexualität ganz wesentlich in dem fundamentalen Bedürfnis des Kindes nach Zärtlichkeit, Geborgenheit und Nähe, entsprechend seiner Körper- und Persönlichkeitsentwicklung realisiert. Das bedeutet, daß sie für das Kind ein ganzheitliches Erleben darstellt, an dem Körper und Seele gleichberechtigt beteiligt sind.

Jedes Kind ist anders

Tobias liebt es, am Rücken gekrault zu werden – Mias Glück ist zarte Fußmassage. Erich läßt keine Situation aus, unbekleidet herumzulaufen – Hans verschließt die Tür, wenn er sich umzieht. Karin erforscht mit drei Jahren ausgiebig ihren Genitalbereich – Bennis ganze Leidenschaft scheint sich im gleichen Alter auf seine Nuckelflasche zu beziehen. Jedes Kind ist anders. Seine Entwicklung folgt keinem sturen Plan. Und jedes Kind findet seine ganz eigene Form und den individuellen Zeitpunkt, seinen Körper und den lustspendende Funktionen zu entdecken und Formen zärtlichen Kontakts zu entwickeln. Das Kind hat im Unterschied zum Erwachsenen zunächst kein Bewußtsein darüber, ob es sich sexuell betätigt oder nicht. Es streichelt sich, es schmust, es kuschelt mit anderen und entdeckt voller ärztlicher Beflissenheit beim gleichaltrigen Spielpartner unter Hose und Rock aufregende Unterschiede oder Gemeinsamkeiten. Diese Aktivitäten sind auch weniger auf einen Partner bezogen. Vielmehr gelten sie der lustvollen Entdeckung des eigenen Körpers.

Unterschiede im Bewußtsein

Wie wenig unsere erwachsenen Bilder von sexuellen Erfahrungen übertragbar sind auf das, was Kinder etwa beim Doktorspiel miteinander erleben, wurde mir bei diesem Erlebnis deutlich:

Die Erwachsenen saßen beim Kaffeetrinken, ihre Kinder spielten im Kinderzimmer. Ben und Karin, beide vier Jahre alt, hatten sich nach einer Weile ins elterliche Schlafzimmer zurückgezogen. An die Tür hatten sie ein gemaltes Schild gehängt, das unmißverständlich „Eintritt verboten" hieß. Die Eltern waren sich darüber einig, daß sie den Kindern die Erfahrung des Doktor-Spielens gönnen sollten. Als die beiden Kinder sich leicht zerzaust wieder zu den anderen Kindern gesellen wollten, sprach Bens Vater seinen Sohn mit anzüglichem Unterton an. „Na Ben, hat's denn geklappt? Mach dir mal die Hose zu." Die Erwachsenen lachten wissend. Ben und Karin verließen verschämt und verunsichert den Raum. Sie spürten wohl eine Unterstellung, ohne zu wissen, worum es tatsächlich ging.

Wenn wir Erwachsenen uns sexuell betätigen, so haben wir uns bewußt und in freier Entscheidung einen Sexualpartner gesucht. Wir kennen die Regeln und sollten auch die Folgen kennen. Diese Voraussetzungen gelten für das Kind nicht. So wird eine sexuelle Handlung zwischen Erwachsenem und Kind auch nicht durch die möglicherweise zutreffende Behauptung legitim, das Kind habe sich ja nicht gewehrt, es habe „freiwillig" gehandelt. Denn Kinder wissen im Unterschied zum Erwachsenen nicht, was sie tun und sind aufgrund ihrer existentiellen Abhängigkeit nur schwer in der Lage, ihre Zustimmung zu verweigern. Wer wollte von einem Kind ein Nein erwarten, wenn etwa der Vater oder ein enger Freund der Familie es zu sexuellen Handlungen auffordert mit den Worten: „Mir geht es heute so schlecht. Willst du besonders lieb zu mir sein?" Es bleibt allein in der Verantwortung der Erwachsenen, Grenzen zwischen erlaubten und unerlaubten Körperkontakten zu ziehen.

Wir haben Verantwortung

Das Kind entdeckt seinen Körper voller Selbstverständlichkeit, Neugier und spontaner Freude – wenn man es denn läßt. Wieviel „Streicheleinheiten" das Kind erhält, wie unbefangen es sich selbst entdecken kann, wieviel Respekt seine Bedürfnisse und seine Grenzen erfahren, darüber entscheiden die Erwachsenen und in erster Linie die Eltern. Dies macht das Kind so unsagbar abhängig von uns. Und hier setzt unsere Verantwortung auch für seine sexuelle Entwicklung an. Wenn ein Erwachsener seine sexuellen Bedürfnisse einem Kind aufdrängt, so verkennt er diese entscheidenden Unterschiede zwischen kindlicher und erwachsener Sexualität. Dabei weiß er, was er tut – das Kind nicht. Der Erwachsene definiert das Ziel, die Regeln, bestimmt über Situation, Anfang und Ende. Das Kind hat keine Begriffe dafür, was geschieht und ist oft im wahrsten Sinne des Wortes sprachlos, angesichts dessen, was ihm da widerfährt.

Was alles zur Sexualerziehung gehört

Erlebt ein Kind Nachsicht,
lernt es Geduld.
Erlernt ein Kind Ermutigung,
lernt es Zuversicht.
Erlebt ein Kind Lob,
lernt es Empfänglichkeit.
Erlebt ein Kind Bejahung,
lernt es lieben.
Erlebt ein Kind Zustimmung,
lernt es sich selbst zu mögen.
Erlebt ein Kind Anerkennung,
lernt es, daß es gut ist,
ein Ziel zu haben.

Erlebt ein Kind Ehrlichkeit,
lernt es, was Wahrheit ist.
Erlebt ein Kind Fairneß,
lernt es Gerechtigkeit.
Erlebt ein Kind Sicherheit,
lernt es Vertrauen in sich selbst
und in jene, die mit ihm sind.
Erlebt ein Kind Freundlichkeit,
lernt es die Welt als Platz kennen,
in dem gut wohnen ist.

Wehrfritz, Wissenschaftlicher Dienst,
September '87

Noch immer gilt der Satz: „Ein Mensch kann nur Liebe schenken, wenn er Liebe erfahren hat." Die Entwicklung der Sexualität des Kindes ist ganz eng mit der gesamten Persönlichkeitsentwicklung verknüpft. Sexualität kann nicht isoliert betrachtet werden, sondern immer im Zusammenhang mit der sozialen Entwicklung und der Beziehungsqualität zwischen den erwachsenen Bezugspersonen und dem Kind. Deshalb geschieht Sexualerziehung überall dort, wo Beziehung geschieht. **So ist Sexualerziehung auch weniger nur als pädagogisches Programm zu verstehen. Eine positive Sexualerziehung beginnt mit einer vertrauensvollen Haltung zum Kind, zu der ein „bejahendes Gewährenlassen" gehört. „Förderung" bedeutet in diesem** Sinne, das Kind in seinen Entwicklungsbedürfnissen und sexuellen Äußerungen durch wohlwollende Unterstützung, aber auch durch überlegte Anleitung zu begleiten. Letztlich geht es darum, daß sich das Kind willkommen fühlen darf auf dieser Welt, daß es sich geliebt und respektiert fühlt, so wie es ist – mit Seele und Körper. Dann kann es ein positives Verhältnis zum eigenen Körper, zum eigenen und anderen Geschlecht entwickeln. Erst auf dieser Basis haben Spielangebote und didaktische Programme Sinn.

So meint Sexualerziehung

○ viel mehr als **Aufklärung,** aber auch Aufklärung: Wir haben ein offenes Ohr für die Fragen der Kinder, wie etwa zur Geburt, und geben ihnen ehrliche Antworten. Wir können die Kinder mit spielerischen Angeboten befähigen, ihren Körper und seine Funktionen kennenzulernen und eine angemessene Sprache dafür zu entwickeln.

○ **Erziehung zur Sinnlichkeit:** In diesem Sinne umfaßt Sexualerziehung Sinnesschulung. Wir ermöglichen dem Kind im Alltag und in Spielsituationen, mit allen Sinnen den eigenen und den anderen Körper zu begreifen. Die Sinne sind der Schlüssel des Kindes zu seiner Welt. Denn: „Nichts ist im Verstande, was nicht in den Sinnen war." Durch Erfahrungen, die alle Sinne betreffen, lernt das Kind seinen eigenen Körper und seine eigenen Gefühle kennen und anzunehmen, schöne von schlechten Gefühlen zu unterscheiden und das Bewußtsein zu entwickeln: „Mein Körper gehört mir." Die differenzierte Entwicklung der Sinne und Gefühle ist nicht zuletzt auch ein wesentlicher Baustein für ein reiches Sexualleben im Erwachsenenalter.

○ **Erziehung zur Liebesfähigkeit:** Ein Kind, das geliebt wird, kann Liebe weitergeben. Sexualität ist ein Geschehen zwischen Menschen, das auf Liebe zu sich selbst und für den anderen basiert. Wir können das Kind ermutigen, sich selbst so anzunehmen, wie es ist. Ja, sich selbst zu lieben und es damit befähigen, anderen Menschen mit Liebe zu begegnen. Es geht darum, die eigenen Bedürfnisse und Grenzen zu erkennen, wichtig zu nehmen und ebenso die des anderen.

○ **Erziehung zur Lust-igkeit:** Sexuelle Lust hat etwas mit Leichtigkeit und Spiel zu tun. Wir können dem Kind vermitteln, daß es schön ist, einen Körper zu haben, der uns so viele kitzelige Gefühle erleben läßt. Da geht es um Neugier und Ausprobieren, um

Versuch und Irrtum, über den ich auch mal lachen kann. Schließlich geht es auch darum, sich an der eigenen Lust und der des anderen zu erfreuen.

○ **einen wesentlichen Teil der Persönlichkeitsbildung:** Sexualität ist ein wesentlicher Bestandteil der Persönlichkeit eines jeden Menschen. Deshalb ist Sexualerziehung auch immer ein wesentlicher Bestandteil der Persönlichkeitsbildung, zu der die Förderung des Selbstwertgefühls, des Selbstbewußtseins und der Selbstbestimmung gehört.

○ **Vorbeugung gegen sexuellen Mißbrauch:** Sexualerziehung ermöglicht es den Kindern, „Ja" und „Nein" sagen zu können:

– Ja zum eigenen Körper und zum eigenen Geschlecht

– Ja zu vertrauens- und liebevollen Beziehungen und Freundschaften

– Ja zu den eigenen Gefühlen und Wahrnehmungen

– Ja zu den Grenzen anderer Menschen

– Nein zu körperlichen und psychischen Übergriffen, die das Recht des Kindes auf körperliche und geistige Selbstbestimmung und Unversehrtheit verletzen.

3

Vater, Mutter, Kind –
Wir sind Vorbilder

**Unsere Haltung hat mehr Einfluß
als alle „guten Worte"**
In der Herausbildung der Sexualität bei
Kindern ist die Haltung der Eltern zu
Sexualität und Körperlichkeit entscheidend. Wir sind das Vorbild, an dem unsere Kinder ihr Verhältnis zu ihrem Körper,
zum eigenen und zum anderen Geschlecht
erlernen. Wenn wir uns nun für eine
offene und benennende Sexualerziehung

entscheiden, so sollten wir uns bewußt
machen, daß nicht nur unser aktives Tun,
sondern auch das, was wir nicht tun, seine
Wirkung auf das Kind ausübt. **Es sind unsere Wertmaßstäbe, unsere Einstellung und
unser Verhalten, woran sich die Kinder
orientieren.** Deshalb möchte ich Sie ermutigen, sich Ihre eigenen Wertvorstellungen
und Normen zur Sexualität zu vergegenwärtigen.

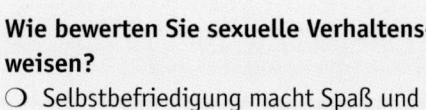

Fragebogen

Wie bewerten Sie Außenreize?
- Was macht Sie bei einem Mann/
  einer Frau an?
- Was ist für Sie „sexy" oder
  erotisch?
- Welche Bedeutung hat dabei die
  äußere Erscheinung?

**Wie bewerten Sie die Sexualität als
Ganzes?**
- Empfinden Sie Sexualität als etwas eher
  Positives, das zum genußvollen und
  erfüllten Leben dazugehört?
- Bewerten Sie die Freude an Sexualität als
  eher unmoralisch oder als lästiges Übel?
- Welche Rolle spielt Sexualität in Ihrem
  Leben?

**Wie bewerten Sie sexuelle Verhaltens-
weisen?**
- Selbstbefriedigung macht Spaß und ist okay,
  oder ist sie etwas Schmutziges und sollte
  deshalb verboten werden?
- Nacktheit in der Öffentlichkeit sollte
  erlaubt/verboten sein?
- Sexuelle Aktivitäten sollten vom Mann/von
  der Frau ausgehen?

Wie bewerten Sie Partnerbeziehungen?
- Partnerbeziehungen sind nur ab einem
  bestimmten Alter erlaubt.
- Sexuelle Begegnung ist der ehelichen
  Lebensgemeinschaft vorbehalten.
- Sexuelle Beziehungen sind nur zum anderen
  Geschlecht gestattet.

Übrigens: Wissen Sie, wie Ihr Partner darüber
denkt?

Ehrliche Einstellung statt doppelter Botschaften

Zu diesem Fragebogen gibt es natürlich keine Antworten im Sinne von „richtig" oder „falsch". Diese Entscheidung müssen Sie schon für sich selbst treffen. Es ging lediglich darum, Ihr Bewußtsein für Ihre eigene Einstellung zu schärfen. Vielleicht stellen Sie aber fest, daß Sie manche Fragen gar nicht so eindeutig beantworten können. Der Kopf sagt möglicherweise „Ja", der Bauch, das Gefühl, sagt „Nein". Gerade in der heute scheinbar so aufgeklärten Zeit ist es manchmal schwer, sich die eigenen Ängste und Probleme einzugestehen.

Überlegen Sie, welche Orientierungen und Wertmaßstäbe Sie Ihrem Kind tatsächlich weitergeben möchten. Dazu ist es hilfreich, wenn Sie sich mit Ihrem eigenen „Ist" und Ihrem eigenen „Soll" auseinandersetzen. Vielleicht finden Sie heraus, was für Sie der erste Schritt sein könnte, um aus dem Widerspruch herauszukommen. Sexualerziehung beginnt immer bei sich selbst und ist ein Stück „Selbsterziehung". Ansonsten könnte es ungewollt geschehen, daß Sie Ihrem Kind durch Ihr Verhalten doppelte Botschaften vermitteln, die es stark verunsichern können.

Wünsche und Ziele erkennen

Haben Sie Lust auf ein kleines Experiment, Ihre eigenen Widersprüche aufzudecken, Ihr Verhalten zu prüfen und eine neue Zielvorstellung zu entwickeln?
Stellen Sie in zwei gegenüberliegende Ecken eines Zimmers jeweils einen Stuhl. Auf den einen legen Sie symbolisch Ihre Zielvorstellung, die sich mit dem deckt, was Sie Ihrem Kind vermitteln wollen, zum Beispiel: „Sexualität ist etwas Positives, das zu einem erfüllten Leben gehört." Auf den anderen Stuhl legen Sie symbolisch Ihre „Ist-Position", zum Beispiel: „Sexualität ist ein lästiges Übel." Beginnen Sie an dem „Ist-Stuhl", und schreiten Sie auf Ihren „Ziel-Stuhl" zu. Fragen Sie sich bei jedem Schritt: „Wie könnte dieser Schritt für mich aussehen? Was brauche ich, um ihn zu tun? Und wie sieht der nächste aus?"

Vielleicht feiern Sie eine Wiederbegegnung mit Ihren verborgenen Wünschen. Fassen Sie Mut, sie „einfach" einmal in kleinen Schritten zu verwirklichen: „Raus aus der Routine!"
Mehr Zeit für sich selbst? Ein genußvolles Abendessen mit Kerzenschein? Einen Tag nur für Sie und Ihren Partner, mal ganz ohne Kinder? Den Fernseher nicht einschalten oder ...? – Sie werden wissen, was Ihnen guttut und wie Ihr nächster Schritt aussieht.
Vergessen Sie Ihre Wünsche nicht. Schreiben Sie sie am besten auf. Wenn Sie sich unsicher sind, können Sie die einzelnen Schritte noch einmal überdenken und möglicherweise ändern. Wichtig ist, daß Sie moglichst bald zur Tat schreiten, sonst nützen die besten Vorstellungen nichts.

Reise zurück in die Zukunft – eine Gedankenübung

Von Generation zu Generation werden Verhaltensmaximen und tradierte Erziehungs-methoden an die Kinder weitergereicht. Dementsprechend vermitteln wir auch im Bereich der Sexualerziehung unsere eigenen Kindheitserlebnisse mehr oder (meistens) weniger bewußt unseren Kindern.

Je stärker in der Erfahrung eines Menschen sexuelle Erfahrungen ab seiner frühen Kind-heit mit Selbstbestimmung, Befriedigung, Spaß, Lust und Entspannung, aber auch mit Annahme, Zuwendung, Zärtlichkeit und Geborgenheit verbunden sind, desto natürlicher und offener wird seine sexuelle Haltung in der erwachsenen Partnerschaft sein. Und desto natürlicher und offener wird seine Haltung gegenüber Kindern sein.

Vergegenwärtigen wir uns die ausgesprochenen und unausgesprochenen Gebote und Ver-bote unserer Kindheit, so gehen wir einen Schritt auf die Kinder zu. Im Rückblick ver-mögen wir unsere Vorstellungen und Verhaltensweisen, die wir den Kindern weitergeben, zu erkennen und zu verstehen.

Um sich diese teils verborgenen und oftmals auch verdrängten Erlebnisse bewußt zu machen, schlage ich Ihnen eine kleine „Reise zurück in die Zukunft" vor: Wie haben Sie selbst als Kind Sexualerziehung erfahren?

Sie begeben sich nun auf eine Zeitreise – zurück in Ihre Kindheit

Wann setzen bei Ihnen die ersten Erinnerungen ein – welche Bilder tauchen auf – welche Menschen – da waren zunächst Ihre Eltern – oder ein Elternteil - vielleicht gab es Geschwister – Verwandte oder Freunde der Eltern … Gibt es Erinnerungen an Körper-kontakt und Nähe – schmusen – streicheln – toben im elterlichen Bett – erinnern Sie sich an Berührungen, an Körperkontakte, die Ihnen besonders viel Spaß gemacht haben – auch an solche , die Ihnen eher unangenehm waren … Wie war das bei Ihnen zu Hause: haben Sie Ihre Eltern schon mal nackt gesehen – im Badezimmer vielleicht – war das eher normal oder peinlich – waren Ihre Eltern in Ihrer Gegenwart miteinander zärtlich – gab es vielleicht unerklärliche Geräusche aus dem Elternschlafzimmer – Wer waren Ihre ersten Freundinnen und Freunde – erinnern Sie sich an Doktorspiele – hatten Sie das Gefühl, etwas Verbotenes zu tun – was wäre gewesen, wenn ein Erwachsener dazuge-kommen wäre – waren sexuelle Dinge überhaupt Thema in Ihrer Familie – haben Sie sich als Kind schon mal selbst untersucht – haben Sie sich selbst befriedigt – haben Sie sich dafür geschämt – Strafe befürchtet … Wann tauchten Ihre ersten Fragen zum Thema Kinderkriegen auf – gab es jemanden, den Sie fragen konnten – was haben Sie bei diesen Gesprächen empfunden oder vermißt – hatten Sie Worte für geschlechtliche Vorgänge und Körperteile – welche haben Sie unter Kindern benutzt – welche mit Erwachsenen –

und bevor Sie aufgeklärt wurden – haben Sie an den Storch geglaubt oder an andere wundersame Erklärungen … Wenn Sie an ausgesprochene und un- ausgesprochene Gebote und Verbote in Ihrer Sexualentwicklung denken: was sollten Sie – was durften Sie – was durften Sie nicht – was haben Sie dennoch und möglichst heimlich ge- macht – mit welchen Gefühlen?

○ Wo haben Sie die Eltern oder andere Erwachsene als unterstützend
  und hilfreich empfunden, was
  wollen Sie Ihrem Kind weitergeben – und was wollen Sie auf
  jeden Fall anders machen?
○ Haben Sie einmal mit Ihren eigenen Eltern über Ihre Erfahrungen
  gesprochen?
○ Welches Verhältnis hatten Ihre
  Eltern zu körperbetonter Lust, zu Nacktheit und Sexualität? Wie sind Sie groß
  geworden?
○ Haben Sie herausfinden können, was Ihnen Ihre Eltern vermitteln wollten und was
  letztlich bei Ihnen angekommen ist?
○ Und wenn Sie Geschwister haben: Wie haben die Jungen, wie die Mädchen die
  Familiengeschichte erlebt?

Aus der Vergangenheit lernen

Ich kann nicht wissen, welche Bilder und Begegnungen Ihnen bei Ihrer Reise zurück in die Zukunft vor Ihr inneres Auge gekommen sind. In der Beratungsarbeit mit ErzieherInnen aus Kindertageseinrichtungen, mit denen ich diese Reise hin und wieder unternehme, ist es oft erschütternd, wieviele Verletzungen, wieviel Trauer, von Eltern oder anderen Menschen verweigerter Respekt für die kindlichen Bedürfnisse und Wünsche zu Tage treten – scheinbar längst vergessene Erfahrungen, die im Unterbewußtsein aber um so wirksamer und gerade in der Begegnung mit Kindern, sozusagen „unter Tage", hochaktiv sind.

Vielleicht mischen sich auch bei Ihnen Gefühle von Glück und Zärtlichkeit, bei denen die Erinnerung gern verweilt, mit Momenten von Schmerz und Unglück, die rasch übergangen werden wollen. Grundsätzlich gilt für die Bearbeitung unserer eigenen Lebensgeschichte: Was wir nicht anschauen, nicht bearbeiten wollen, müssen wir wiederholen – in diesem Fall an unseren Kindern. Deshalb fassen Sie sich selbst und Ihren Kindern zuliebe Mut und suchen eventuell ein Gespräch mit Personen, denen Sie Ihr Vertrauen schenken können, um in der Begegnung mit dem traurigen und verletzten Kind in Ihnen selbst nicht wieder alleine zu sein. Das

können vielleicht die Partnerin oder der Partner, Freunde oder auch eine Beratungsstelle sein. Gespräche können hilfreich sein, um die Erfahrungen der Kindheit neu zu sortieren und den Blick freizubekommen für das, was das eigene Kind braucht. Vielleicht haben Sie aber auch Interesse daran, einmal auf anderen Wegen dem Kind in Ihnen zu begegnen, um zu neuen Zielformulierungen zu gelangen.

Mit dem Fotoalbum in die Kindheit

Nehmen Sie doch einmal das Fotoalbum aus Ihrer eigenen Kindheit hervor. Schauen Sie Ihre Kinderbilder an, und befragen Sie das Kind, das Sie selbst waren:

○ Wie geht es dir gerade in der Situation, in der du fotografiert wirst?

○ Was hat dich gefreut – was hat dich bedrückt?

○ Wer hatte dein Vertrauen – von wem konntest du Unterstützung und Hilfe erwarten?

○ Was machen deine Eltern gerade – und was hättest du dir von ihnen gewünscht?

○ Sag mir, was soll ein Kind erleben dürfen, und was soll ich anders machen?

Wenn Sie genau hinhören, wird das Kind in Ihnen antworten. Sie werden sicher feststellen, daß Sie nicht das genaue Abbild Ihrer Prägung durch das Elternhaus geworden sind. Wir funktionieren ja nicht nach dem Input-Output-System eines Computers. Über viele Wege und Umwege, Begegnungen mit für uns wichtigen Menschen und Gedanken machen wir neue Erfahrungen und können als Erwachsene unser Leben selbst in die Hand nehmen. Zwar können wir unsere Erfahrungen der Kindheit nicht

rückgängig machen. Wir sollten aber auch nicht deren Gefangene sein.

Ein erster Schritt ist hinschauen, was in der eigenen Kindheit war. Der nächste ist zu realisieren: Wie bin ich heute? Der dritte könnte sein: Wohin möchte ich mich entwickeln, und wie könnte der erste ganz praktische Schritt in diese Richtung aussehen? Welche Unterstützung brauche ich dazu?

Es lohnt der Versuch, diese drei Stationen einmal bildlich auszudrücken.

Legen Sie Papier, Pinsel und Farben bereit: Folgen Sie Ihrer spontanen Eingebung möglichst ohne lange nachzudenken, und malen Sie das Bild „Was fällt mir ein, wenn ich an meine Kindheit denke?" Die anderen beiden Bilder entstehen entsprechend. Legen Sie die drei Bilder nebeneinander, und lassen Sie die Zeichnungen auf sich wirken.

Halten Sie dann in Stichworten fest: Wie ist die Verbindung zwischen gestern und heute? Was war Ihr Motor auf dem Weg ins Erwachsenenleben? Welche Kräfte und Fähigkeiten haben Sie erworben, um sich Ihren Zielen anzunähern? Legen Sie Ihre Stichworte zwischen die Bilder. So haben Sie einen Weg aufgezeichnet, der Ihnen beim Erreichen Ihrer Ziele hilfreich sein kann.

Sanfte Mädchen – wilde Jungs

Juliane feiert ihren vierten Geburtstag. Nachdem sie die vier Kerzen ausgepustet hat, geht es ans Auspacken: Malstifte, ein Bilderbuch mit lauter kleinen Babykätzchen drin, ein Fußball, endlich die ersehnten Lackschuhe und von Oma die Barbiepuppe. „Das ist das Größte! Gut, daß ich die Oma habe", denkt sie, „Mama findet Barbiepuppen blöd."
Nachmittags kommen die Freunde und Freundinnen. Wie jedes Jahr macht Mama die „Spielleiterin". Nach einer Stunde hat Mama eine Kaffeepause verdient. Papa wäscht inzwischen das Geschirr ab und bereitet den Abschlußimbiß vor. Opa hilft ihm. Nach kurzer Zeit sind die neuen Spiele unter den Kindern ausgehandelt:
Zwei Mädchen puzzeln in der Ecke, Juliane und Grit spielen mit Barbie Friseurin. Die Jungen haben sich aus Lego Waffen gebaut. Vom Flur aus nehmen sie die Mädchen „aus dem Hinterhalt" unter Beschuß. Bald heißt das lautstarke Spiel: Jungen jagen Mädchen. Alle rennen, Jungen „ballern", Mädchen kreischen. Abends sinkt Juliane glücklich ins Bett. Ein toller Geburtstag!

Kinder kommen als Mädchen und Jungen zur Welt und werden oft auch so erzogen. Auch in Familien, in denen die traditionelle Rollenverteilung ein Stück weit aufgebrochen ist, zeigen Kinder geschlechtsspezifische Verhaltensunterschiede. Die Jungen schießen, jagen, toben – die Mädchen reden, sind fürsorgliche Puppenmütter und „erdulden" mit lockendem Kichern die Angriffe der Jungen.
Sicher ist es nicht nur die „Macht der Gene", die bei Kindern dieses Verhalten auslöst. Es gibt biologische Unterschiede zwischen Mädchen und Jungen.
Aber auch hier gilt: Es sind Vorbilder, die bewußt oder auch unbewußt das Verhalten der Kinder prägen. Natürlich sind Sie als Mutter oder Vater einer der stärksten Bezugspunkte und wichtigsten Vorbilder für Ihr Kind. Doch Kinder lernen auch von ihrer Umwelt – anderen Erwachsenen, Freunden, im Kindergarten, auf der Straße, vor dem Fernseher. Noch lange bevor die Kinder mit etwa drei Jahren beginnen, sich bewußt mit der eigenen Geschlechtszugehörigkeit zu befassen, haben sie eine Fülle von Erfahrungen in der Familie und ihrer weiteren Umgebung gemacht, die ihnen sagen, wie ein „richtiges" Mädchen und wie ein „richtiger" Junge zu sein hat:
Mädchen „sollen" lieb, anschmiegsam und gehorsam sein. Stärke macht unweiblich und „zickig". Sie sollen sich anpassen und bereit sein, für andere zu sorgen.
Jungen „sollen" furchtlos, laut und aggressiv sein dürfen. Schwäche macht

unmännlich. Sie sollen sich durchsetzen, sich wehren, keine Angst haben. Neben allen gesellschaftlichen Folgen schadet eine solche rollenspezifische Haltung Mädchen und Jungen in unterschiedlicher Weise: Täter knüpfen ihre Strategien an „geschlechtstypische" Verhaltensweisen: Mädchen werden in ihrer Folgsamkeit und ihrem mangelnden Selbstvertrauen angesprochen, Jungen in ihrer erlernten Unfähigkeit, Angst und Hilflosigkeit einzugestehen. Mädchen nehmen eher die Schuld auf sich, Jungen können sich und anderen nicht eingestehen, Opfer geworden zu sein. Deshalb ist es in der präventiven Arbeit ungemein wichtig, Rollenklischees durch konkrete Erfahrung zu ersetzen und den Kindern Angebote zu machen, bei sich selbst und beim anderen Geschlecht beides entdecken und leben zu lernen: Stärke und Schwäche, Beziehungsfähigkeit und Sachbezogenheit, Zärtlich-

keit und Abgrenzung, das Laute und das Leise, den Mut und die Angst, Sicherheit und Abenteuer.

Sexueller Mißbrauch kann leider auch das Ergebnis eines Machtgefälles zwischen Männern und Frauen darstellen. Eine traditionelle geschlechtsspezifische Erziehung bewirkt, daß dieses Machtgefälle aufrechterhalten wird. Am Vorbild ihrer Umwelt erleben schon kleine Jungen ihre Vormachtstellung. Aggressivität, Stärke und Überlegenheit werden ihnen zugestanden und von ihnen gefordert. Wer aber meint, daß er mehr Rechte als andere hat, fühlt sich später eher ermutigt, seinen Willen auch mit Gewalt gegen andere durchzusetzen. So kann eine betont einseitig geschlechtsspezifische Erziehung sexuellen Mißbrauch fördern. Wir als Erwachsene, die Macht über ihre Kinder haben, die ihren Kindern Vorbild sind, müssen deshalb etwas dagegen tun.

Ganz wie Mama und Papa

Kinder sehen sehr genau hin und wollen so sein und werden, wie sie den jeweils gleichgeschlechtlichen Elternteil sehen. Mit der Pubertät kann sich das schlagartig ändern, und wir kriegen den Gegenentwurf „um die Ohren".

dem Jungen die Puppen und den Mädchen die Autos untergeschoben werden. Jedes Kind ist anders, und Junge und Mädchen sind oft verschieden – auch aufgrund der unterschiedlichen Erwartungen der Umgebung. Beide haben das Recht,

Fragebogen

Überprüfen Sie doch einmal die Rollenverteilung in Ihrer Familie:

○ Wer bringt das Kind ins Bett?
○ Wer kannte die Marke der bevorzugten Windeln?
○ Wer tobt häufiger mit den Kindern?
○ Wer sitzt beim Familienausflug am Steuer?
○ Wer kauft die Kleingewinne für den Kindergeburtstag?

○ Wer ist vorwiegend für Trost und Schmusen „zuständig"?
○ Wer geht zum Kinderarzt oder zum Elternabend?
○ Wer sorgt hauptsächlich für den Familienunterhalt?
○ Wie ist die Hausarbeit verteilt – Tisch decken, Einkaufslisten erstellen, Essen zubereiten, Bad putzen?
○ Und: Was gestatten wir unserer Tochter, was unserem Sohn, oder was würden wir gestatten?
○ Reagieren wir gleichermaßen, wenn der Junge mit seinem Penis, das Mädchen mit ihrer Scheide spielt?

Die familiäre und gesellschaftliche Rollenverteilung werden wir nicht von heute auf morgen verändern. **Dennoch sollten wir versuchen, im Bereich der Erziehung durch unsere Haltung und unser Tun Voraussetzungen zu schaffen, die es Jungen und Mädchen ermöglichen, jenseits der Rollenzuschreibungen Erfahrungen zu machen, die sie aus dem engen Geschlechterkorsett hinauswachsen lassen.** Das muß nicht „Gleichmacherei" bedeuten oder einen schlichten Rollentausch, in

ihre spezifischen Eigenschaften, Merkmale und Fähigkeiten herauszubilden und dabei Ermutigung und Orientierung zu erhalten.

Verallgemeinernd läßt sich durchaus behaupten, daß Mädchen Unterstützung in Richtung Durchsetzungsfähigkeit und Ich-Stärke benötigen, Jungen eher in Richtung Einfühlungsvermögen und differenziertem Gefühlsausdruck. Das läßt sich aber nicht durch zehn oder mehr Gebote und Verbote verordnen.

Das Mädchen wird nicht zur „Amazone",
wenn Sie ihr die Barbiepuppen verbieten
und der kleine „Pistolenmann" nicht zum
„sanften Kuscheljungen", wenn Sie ihm
die „Waffen" entziehen. Vielleicht kommen Sie mit der Frage weiter, wovor er
eigentlich Angst hat und welche Möglichkeiten Sie ihm bieten können, diese auch
in anderer Weise zu zeigen. Und woher
kommt Ihre Angst, wenn Ihr Sohn mit
gezückter Waffe vor Ihnen steht? Was bedroht Sie? Sehen Sie schon den potentiellen Gewaltverbrecher vor sich? Ermutigen
Sie ihn mit Ihren „Opferphantasien"
vielleicht eher zu diesem Machtspiel?
Fragen Sie sich:
○ Wie stehe ich insgesamt zu „typisch
   männlichen" Verhaltensweisen wie
   „Aufgabenbezogenheit, Durchset-
   zungsvermögen, Unabhängigkeit"?
○ Wie bewerte ich diese Verhaltensweisen gegenüber „typisch weiblichen"
   wie „Nachgiebigkeit, Einfühlungsvermögen, Harmoniebedürfnis"?
Die Bewertung wird sicher unterschiedlich ausfallen, je nachdem, ob Sie sich

Tip
○ Freuen Sie sich, wenn Ihre Tochter
   selbstbewußt ist, auch wenn andere meinen, sie sei kein „richtiges"
   Mädchen.
○ Lassen Sie auch Ihren Sohn Gefühle
   wie Unsicherheit, Angst oder Schwäche
   zeigen, und sprechen Sie darüber.

als Leserin oder als Leser diese Fragen
beantworten. Es geht aber in keinem Fall
darum, das eine gegen das andere im
Sinne von „besser" oder „schlechter"
auszuspielen. Kinder brauchen beides.
Das Mädchen braucht Durchsetzungsver-
mögen, um sich zu behaupten. Der Junge
braucht Einfühlungsvermögen, um die
Grenzen von anderen zu akzeptieren.
**Auch wenn es um Prävention geht, sind
die Kinder im Vorteil, die sowohl das
„männliche" als auch das „weibliche"
Element in sich akzeptieren und entwickeln können. Hier ist das Vorbild von
Mutter und Vater gleichermaßen gefragt.**

... wird das Mädchen da sein und die
Frau, deren Namen nicht nur einen
Gegensatz zum männlichen bedeuten
wird, sondern etwas für sich, etwas,
wobei man an keine Ergänzungen
und Grenze denkt, nur an Leben und
Dasein, der weibliche Mensch. Dieser
Fortschritt wird das Liebe-Erleben, das
jetzt voller Irrungen ist, ... verwandeln,
von Grund auf ändern, zu einer
Beziehung umbilden, die von Mensch
zu Mensch gemeint ist, nicht mehr von
Mann zu Weib. Und diese menschliche
Liebe (die unendlich rücksichtsvoll
und leise, gut und klar im Binden und
Lösen sich vollziehen wird) wird jener
ähnlen, die wir ringend und mühsam
vorbereiten, der Liebe, die darin
besteht, daß zwei Einsamkeiten einander schützen, grenzen und grüßen.

Rainer Maria Rilke

Jungen und Mädchen: anders und gleichberechtigt

Sandra liebt Puppen und Björn Autos. Eva liebt Lackschuhe und Paul seine Nikes. Corinna wünscht sich eine CD von der Kelly-Family und Franz von den Rolling Stones.

Schon früh erleben wir, wie Jungen und Mädchen sich in ihren Vorlieben und ihren Verhaltensweisen zu unterscheiden beginnen. Wie durch unsichtbare Antennen nehmen sie die Rollenzuschreibungen auf – selbst wenn diese Klischees in der Realität längst ausgedient haben oder sich zumindest höchst widersprüchlich abbilden. Weil sie meinen, daß sie so unterschiedlich seien, meiden sich viele Jungen und Mädchen mitunter schon im zartesten Alter. Bereits zum dritten Geburtstag meiner kleinen Nichte wurde von ihr kein einziger Junge mehr eingeladen: „Die sind immer so wild und machen alles kaputt."

So bleiben sich die Geschlechter fremd. Fremdheit erzeugt Angst auf der einen und Aggression auf der anderen Seite. Spielangebote können helfen, die Kinder miteinander in Kontakt zu bringen, Ähnlichkeiten und Unterschiede zu erkennen und zu tolerieren: Jeder hat seine Stärken und Schwächen, keiner ist besser oder schlechter als der andere, Mädchen und Jungen sind Partner, ich bin ich, und du bist du!

Das mögen wir

Bereiten Sie drei große Pappen vor, die Sie jeweils mit einem Bild von einem Mädchen, einem Jungen und einem, das beide zusammen zeigt, bekleben. Stellen Sie Ihren Kindern Zeitschriften und Spielzeugkataloge zur Verfügung, aus denen sie unterschiedliches Spielzeug ausschneiden können. Die Kinder auf den Tonpappen haben Geburtstag: Wem schenken die Kinder welches Spielzeug? Was mögen Mädchen, was lieben Jungen, und worüber können sich beide freuen? Die Kinder überlegen und entscheiden gemeinsam, auf welche der Pappen sie ihre ausgeschnittenen Spielzeuge ablegen.

Diese Übung läßt sich beliebig abwandeln, indem die Kinder Tätigkeiten, Gefühlsbilder, Lebens- und Spielsituationen ausschneiden und darüber verhandeln: Was mögen/machen/dürfen Mädchen und was Jungen? Oder: Wenn du ein Junge wärst und du ein Mädchen, was würdest du dann gerne mal spielen? Was hindert dich, das auch tatsächlich zu spielen? Komm, wir spielen das mal zusammen.

Schwäche und Stärke

Sie haben in einer Hand einen großen Stein (als Symbol für Stärke), in der anderen Hand eine kleine Feder (als Symbol für Schwäche). Zeigen Sie den Stein vor, und beginnen Sie zu erzählen: „Ich fühle mich stark, wenn ..." Oder eine konkrete Begebenheit: „Ich habe mich einmal richtig stark gefühlt, als ..." Dann halten Sie die Feder hoch und erzählen von Ihren schwachen Seiten. Übergeben Sie die beiden Dinge an Ihr Kind. Nun soll es seine Geschichte erzählen.

Drachenschwanz jagen

Dieses Spiel ist besonders gut für einen Kindergeburtstag geeignet. Jungen und Mädchen bilden Kinderschlangen (zwei oder drei Kinder hintereinander, die Zahl der Schlangen muß durch zwei teilbar sein), sogenannte Drachen, deren Schwanz als Tuch, das am letzten Glied des Drachens mit einer Schleife befestigt ist, erkennbar ist.
Auf das Kommando des Spielleiters müssen alle Schlangen versuchen, einen anderen Drachen zu jagen und seinen Schwanz – also das Tuch – zu erwischen. Dabei müssen sie möglichst verhindern, daß ihnen selbst der Schwanz abgerissen wird. Sobald ein Drache besiegt worden ist, wird er dem erobernden Drachen einverleibt, so daß schließlich zwei Großdrachen miteinander kämpfen.

Schafherden

Die Kindergruppe wird in vier gleich große Untergruppen aufgeteilt. Jede „Schafherde" geht in eine Ecke des Raumes. Die Schafe wollen auf die gegenüberliegende Seite des Raumes. Da sie sehr vorsichtige Tiere sind, geben sie gut acht, daß sie keinem anderen Tier wehtun. Schafe können übereinandersteigen, unter einem anderen Schaf durchkriechen, sich vorne oder hinten vorbeischlängeln – aber sie tun sich in keinem Fall weh.
Alle vier Gruppen gehen gemeinsam los. Für „Fortgeschrittene": Die Schafe sind blind!

Es war einmal

Versuchen Sie doch einmal, mit Ihrem Kind Märchen oder andere Geschichten umzudichten: Der Prinz wird Prinzessin, die Hexe ein Zauberer, die Zwerge werden Zwerginnen, aus Mutter wird Vater ... Und wie könnten Schneewittchen und Rotkäppchen als Jungen heißen? Was verändert sich? Vielleicht entwickelt sich ein kleines Theaterstück daraus?

Verkleidungskiste

Werfen Sie doch mal wieder einen Blick in die Verkleidungskiste. Mit der üblichen Ausstattung können bestimmt allerlei Feenwesen, Prinzessinnen und Ballerinen, vielleicht noch ein Arzt und ein Opa mit Hut und Krawatte entstehen. Wie wäre es denn mit Angeboten für Feuerwehrmänner und -frauen, Ritter und Ritterinnen mit Kettenhemden und Schwertern aus Holz, FlugzeugpilotInnen und ...? Ihr Kind hat bestimmt noch weitere Ideen, welche Rollen es gerne spielen möchte.

„Ich mag meinen Körper" – Wie wir ein Kind in seiner Entwicklung begleiten können

Vom ersten Tag an

Prävention gegen sexuellen Mißbrauch ist dann umfassend und wertvoll, wenn sie direkt mit einer bejahenden und benennenden Sexualerziehung verbunden ist. Diese darf nicht erst mit vier oder fünf Jahren beginnen. **Das Kind ist vom ersten Tag an ein sexuelles Wesen. Ab diesem Zeitpunkt ist es bereit, Millionen von Informationen aufzunehmen und in seine Persönlichkeitsbildung einzubeziehen. Deshalb sollten wir mit Erziehung, Sexualerziehung und Prävention schon vom ersten Tag der Geburt an beginnen.**

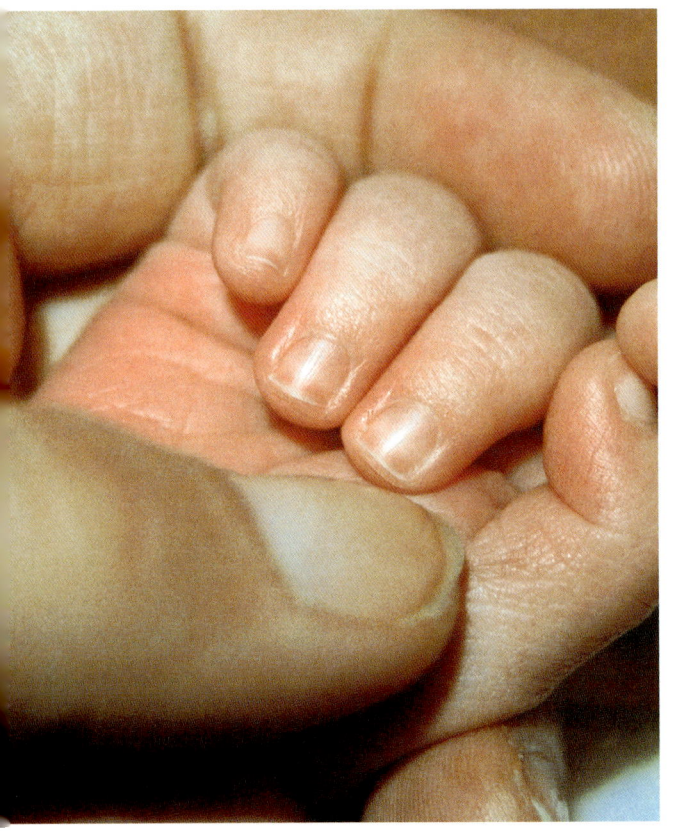

Kinder vertrauensvoll begleiten

Erziehung vermitteln wir in den ersten Lebensjahren des Kindes weniger durch Worte als durch unseren direkten Kontakt. Der sprachliche Dialog, etwa zu Fragen der Sexualaufklärung, erhält erst mit der Entwicklung des Sprachvermögens seinen Stellenwert. Bis dahin sind wir weniger als Ratgeber gefragt, der seinem Kind etwas Wichtiges für sein Leben mit Worten mitteilt. Vielmehr sind wir Begleiter des Kindes, dem wir mit unserer Haltung zu ihm das Lebensnotwendige vermitteln. Wir drücken im alltäglichen Umgang mit unserem Kind aus, wie weit wir seine Eigenständigkeit respektieren und seine Gefühle, Bedürfnisse und Grenzen achten. Wir zeigen ihm auch, wie weit wir bereit sind, ihm Vertrauen entgegenzubringen.
Und gerade das ist mit früher präventiver Erziehung gemeint. Ob wir es bewußt wollen oder nicht – unsere Haltung drückt sich aus in unserem Umgang mit

○ Hautkontakt und Zärtlichkeit,

○ den Nahrungsbedürfnissen
des Kindes,

○ dem kindlichen Erforschen
des eigenen Körpers,

○ Selbstbefriedigung und
Doktorspielen,

○ unseren geschlechtsspezifi-
schen Rollenerwartungen,

○ Fragen und Ängsten der
Kinder in bezug auf körperliche und sexuelle Vorgänge.

Bedürfnisse erkennen und unterstützen

Im Laufe der Jahre durchläuft das Kind
verschiedene Entwicklungsstufen, in denen es seinen Körper und seine Umgebung zunehmend erforscht und begreift.
Diese Entwicklungsstufen müssen wir
kennen. Nur so können wir seine Bedürfnisse wahrnehmen, ihm bei möglichen
Schwierigkeiten helfen und es in seiner
Entwicklung unterstützen. Darum geht es
auf den folgenden Seiten.

**Wenn wir durch unsere positive und
offene Haltung „Ja" zu den Bedürfnissen
und Grenzen des Kindes sagen, ermöglichen wir ihm, sich selbst zu bejahen:
„Ich werde geliebt, so wie ich bin. Mein
Körper ist einzigartig und gehört mir.
Körperliche Lustgefühle sind wunder-
schön, wenn ich darüber selbst bestim-
me."**

Diese Grundlagen erwirbt sich das Kind
in einem tastenden, mimischen, gestischen,
lautlichen und später auch sprachlichen
Wechselspiel. Sie bilden sozusagen den
Humus, auf dem das Selbstbewußtsein

unserer Kinder wachsen kann. Dieses
Selbstbewußtsein brauchen sie zu ihrer
Persönlichkeitsentwicklung und dazu,
etwaige grenzverletzende Situationen zu
durchschauen und sich ihnen zu entziehen: „Nein, das will ich nicht!"
Dieses Selbstbewußtsein ist in der Sexualerziehung auch die Voraussetzung, daß
Kinder sich trauen, Fragen zu stellen und
unsere Antworten kritisch zu hinterfra-
gen. Sobald das Kind die Fähigkeit dazu
entwickelt hat, sind wir gefordert, die
passenden Antworten in einer altersangemessenen Sprache zu geben. Auch dazu
finden Sie eine Reihe von Anregungen in
diesem Kapitel.

Zuneigung, Zärtlichkeit und Vertrauen von Anfang an

Da bist du nun, du kleines Wesen. Zart und weich deine fast durchscheinende Haut. Meine Hände zeichnen die Linien deines Gesichtes nach: Stirn, Augenbrauen, Bäckchen, so klein die Nase, so winzig der Mund – und alles ist schon dran. Ich beuge mich herunter, ich kitzle mit meinen Haaren deinen Bauch.

Meine Hände fahren den Körper entlang und kommen mir fast monströs groß vor, wenn sie deine Beinchen umschließen. Dein Füßchen verschwindet bei meinem Kuß fast in meinem Mund. Ich nehme dich hoch und drücke dich fest an mich. Ich wärme dich, ich halte dich, ich liebe dich – fühlst du mich?

Es liest sich fast wie ein Liebesspiel – und es ist das erste Liebesspiel zwischen Eltern und Kind. Schon in den ersten Lebenstagen beginnen Eltern mit Sexualerziehung, ohne sich dessen bewußt zu sein. Denn alle Pflegemaßnahmen und Liebkosungen fördern das Wohlbefinden und die Körperlichkeit des Kindes. Sie tragen dazu bei, daß es ein gutes Gefühl für seinen Körper bekommt.

Das Kind ist in den ersten Lebensmonaten noch ganz Haut, die hochgradig empfindsam ist für alle Berührungen, die sie empfängt. Diese Empfindlichkeit hat sich schon im Mutterleib ausgeprägt. Dort wächst es heran umgeben von warmem Wasser, mildem Licht und gedämpften Tönen. Die Entwicklung der Wahrnehmungsorgane wird ausgelöst und gefördert durch die sanften Reize der Innenwelt, die es im Bauch der Mutter empfängt – ein Gluckern, das zärtliche Streicheln des Wassers, der Herzschlag der Mutter – und durch Reize der Außenwelt wie Stimmen, Musik und Bewegung. Das großflächige Sinnesorgan, das uns

mit der Außenwelt verbindet, ist die Haut: schützend und durchlässig. Als Kontaktorgan zur Außenwelt vermittelt sie uns eine Vielzahl von Eindrücken. Sie signalisiert durch Berührung Nähe, sie erschließt uns Form und Oberflächenstruktur der Dinge, sie teilt uns mit: Es ist feucht, es ist kalt, es ist weich, es tut weh. Sie stellt ein Leben lang Beziehung zu Menschen und Dingen her.

„Wir müssen die Kinder
mit Wärme und Zärtlichkeit
genug und übergenug füttern.
Denn das brauchen sie,
so sehr wie Milch.
Berührt, gestreichelt und massiert werden,
das ist die Nahrung für das Kind.
Wenn sie ein Kind entbehren muß,
will es lieber sterben
und nicht selten stirbt es wirklich."

Frédérick Leboyer

Selbstwertgefühl und Vertrauen durch Hautkontakt

Liebe geht durch die Haut. Die Haut ist sozusagen das erste Lustorgan des Kindes und sein erstes Lustobjekt. Sinnlichkeit wird ganz wesentlich über den Tastsinn vermittelt, mit dem das Kind seine Umgebung wahrnimmt.

Haut ist empfindlich, Haut ist empfindsam, Haut ist erotisch und sinnlich. Insofern ist der positive Hautkontakt zum Kind der erste und umfassendste Beitrag zu seiner Sexualerziehung. Kuscheln, auf den Schoß nehmen und trösten, in den Schlaf wiegen oder liebevolle Krankenpflege, all das sind Zärtlichkeiten, die ein Kind genauso dringend braucht wie Nahrung. Dieses Bedürfnis nach Hautkontakt wird in den folgenden Lebensjahren durch andere ergänzt, doch niemals ersetzt. Zärtlichkeit und Geborgenheit suchen wir unser ganzes Leben lang.

„Ein Kind, das Zärtlichkeit erfahren hat, braucht nicht zur zärtlichen Sexualität erzogen werden."

Alice Miller

Je positiver diese Berührungen schon in den ersten und späteren Lebenstagen erlebt werden können, desto stabiler ist das Selbstwertgefühl und das Vertrauen in die Welt, die sich dem Kind und die sich das Kind erschließt.

Tips

Wenn Sie die Hautempfindungen Ihres Kindes fördern möchten, können Ihnen die folgenden Anregungen weiterhelfen:

○ Nehmen Sie Ihr Kind, so oft es will, in den Arm. Schmusen Sie mit ihm und nehmen Sie sich Zeit, wenn es kuscheln will. Nur so entwickelt es ein harmonisches Gefühl zu sich und seinem Körper.

○ Genießen Sie mit Ihrem Kind ein gemeinsames, wohltemperiertes Bad. Es wird Ihnen beiden gefallen. Planschen Sie mit ihm in der Badewanne. Mit Badeschaum macht es noch mehr Spaß.

○ Eine leichte Massage beruhigt nicht nur, sondern trägt auch zum allgemeinen Wohlbefinden bei. Streichen Sie ihm sanft kreisförmig über den Rücken. Malen Sie Figuren oder Buchstaben auf den Rücken, und lassen Sie es raten, um was es sich dabei handelt.

○ Wenn Ihr Kind noch klein ist, lassen Sie sich Zeit bei der Körperpflege. In der kalten Jahreszeit empfiehlt sich eine Wärmelampe über dem Wickeltisch. Bevor die neue Windel an den Po kommt, finden sich sicher ein paar Minuten für eine zarte Massage des kleinen Körpers. Achten Sie darauf, daß Ihre Hände eine angenehme Temperatur haben.

○ Haben Sie schon ausprobiert, ob Ihrem Kind auch Berührungen mit einer Vogelfeder oder mit einem trockenen Waschlappen gefallen?

Damit Kinder erfahren: Ich bin liebenswert

Liebe und Zärtlichkeit nicht erzwingen

Jedes Kind braucht die Zärtlichkeit seiner Eltern. Sie wissen, wie wichtig der zärtliche Körperkontakt für die Entwicklung des Selbstwertgefühls und des Vertrauens ist. Nun gehe ich hier aber fast wie selbstverständlich davon aus, daß alle Eltern von Natur aus Zärtlichkeit geben können. Doch so wenig unser Sexualverhalten von Instinkten geformt ist, so wenig ist die Beziehung zwischen Eltern und Kind von einem „Mutterinstinkt" oder „Vaterinstinkt" geleitet.

Schon im Umgang mit den ersten Lebensäußerungen des Kindes wird deutlich, was für Sexualerziehung insgesamt grundlegend ist: Das erzieherische Handeln muß mit dem eigenen Leben übereinstimmen. Liebe und Zärtlichkeit kann man nicht erzwingen. Der Versuch muß scheitern, weil das Kind durch seine ungeheure Sensibilität für die Außenwelt mit Sicherheit nicht nur die Zärtlichkeit, sondern auch den Gegenimpuls wie „Du bist mir zuviel!" aufnimmt. Diese doppelten Botschaften können auf Dauer schädlich für die gesamte Entwicklung des Kindes sein, da sie ihm den lebenswichtigen Boden für Vertrauen und Orientierung entziehen.

Setzen Sie sich nicht unter Druck

Das soll nun nicht entmutigen. Verdrängen Sie Ihre eigene Hilflosigkeit nicht, wenn Sie etwas hindert, Ihrem Kind zärtlich zu begegnen, sondern machen Sie sich die Schwierigkeiten bewußt.

○ Wenn ich sehen kann, daß ich Hilfe und Entlastung brauche, ahne ich vielleicht schon, wo ich sie erhalten kann – bei einer Freundin, im Gespräch mit meinen eigenen Eltern, bei einer Tagesmutter oder in einem Mütterzentrum.

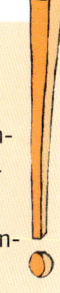

○ Manchmal hilft es auch schon, den Anspruch an sich, nur noch selbstlose Mutter sein zu dürfen, herunterzuschrauben. Das Kind ist ja durchaus in der Lage, Frustrationen zu ertragen, wenn es auf der anderen Seite Erfahrungen von Zärtlichkeit und Zuwendung machen kann.

○ Die Verantwortung, dem Kind Zärtlichkeit und Geborgenheit zu geben, kann keiner den Eltern abnehmen, man kann sie aber auf mehrere Schultern verteilen.

Finden Sie das richtige Maß

Zärtlichkeitsmangel ist eine schwere Hypothek für die Entwicklung von Ich-Stärke und Liebesfähigkeit. Aber kann es denn auch einen Zärtlichkeitsüberfluß geben? Eigentlich kann man doch nicht genug davon kriegen. Oder doch? Gibt es einen Maßstab?

Wer hat es nicht gerne, wenn die Hände des anderen einem sagen: „Prima, daß es dich gibt – ich habe dich lieb …?"

Aber bitte nicht jede beliebige Hand, die möchte ich mir schon gerne selbst aussuchen, und bitte nicht gerade dann, wenn ich auf dem besten Wege dazu bin, meine U-Bahn zu verpassen, und schon lange nicht, wenn ich über das gestrige Verhalten des Menschen, der zu den liebkosenden Händen gehört, noch immer vor Wut koche!

Das Kind braucht Zärtlichkeit, aber es braucht nicht nur und nicht immer Zärtlichkeit. Manchmal ist es hungrig, und manchmal braucht es Zeit nur ganz für sich allein – mit den Füßen spielen, den Lichtspiegelungen an der Wand folgen,

seine quälende Blähung loswerden. Manchmal ist auch die Sesamstraße spannender, als von Tante Irmchen an Brust und Mund gedrückt zu werden.

Die Grenzen der Kinder achten

Die Kinder spüren sehr früh, wann es ihnen zuviel wird und zu wem sie zärtlichen Kontakt aufbauen wollen. Deshalb sind sie allein der Maßstab für ein „Zuviel". Es liegt an uns, ihre Signale wahrzunehmen, wenn sie uns mitteilen: Es reicht! Das erfordert von uns Erwachsenen eine besondere Aufmerksamkeit und grundlegenden Respekt gegenüber dem Kind als eigenständiges Wesen. Kinder brauchen Grenzen, die der Erwachsene den kindlichen Bedürfnissen entgegensetzt, um sie vor Schaden an Leib und Seele zu bewahren. Am deutlichsten wird das wohl bei der Erziehung zum Verhalten im Straßenverkehr. Wir müssen aber auch lernen, die Grenzen unserer Kinder wahrzunehmen. Ein Schreien mögen wir noch hören, ein leichtes Wegdrehen schon mal übersehen, ein „Nein!" nicht dulden – „Das ist doch ungezogen. Die Tante hat dich doch so lieb. Guck mal, was sie dir mitgebracht hat!" – und wir sind dabei, die Zärtlichkeit unseres Kindes zu „vermarkten".

Von Anfang an – Auf die Bedürfnisse des Kindes eingehen

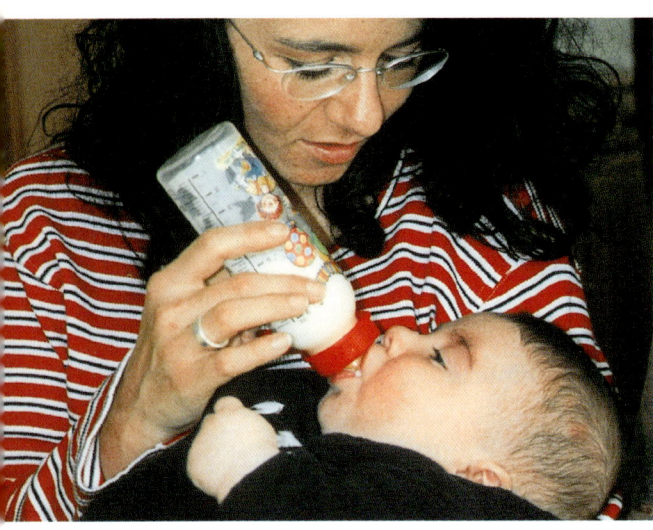

Die ersten Bedürfnisse wahrnehmen

Viele Mütter haben eine so innige Erinnerung an den Moment, als sie das gerade geborene Wesen an ihre Brust legten und es – oh Wunder – tatsächlich zu trinken begann! Saugt es, weil es hungrig ist? Saugt es, weil es den Kontakt zur Mutter wiederherzustellen sucht, die es gerade aus der warmen, schützenden Höhle in die Welt getrieben hat? Saugt es, weil es sich lustvolle Befriedigung seiner oralen, mundbetonten Bedürfnisse verspricht? Ob nun das Bedürfnis des Wonnesaugens primär und das Nahrungsbedürfnis sekundär ist oder ob umgekehrt die Lustbefriedigung dem Nahrungsbedürfnis folgt – darüber streiten die Gelehrten. Vielleicht ist zu diesem frühen Zeitpunkt das lustspendende Saugen auch noch ganz eins mit der lebenserhaltenden Nahrungssuche.

Das Neugeborene lebt mit dem Mund. Wenn der Mund als Lustorgan auch seine Vorherrschaft der ersten Tage im Laufe der sexuellen Entwicklung einbüßt, so bleibt er doch ein Subjekt und Objekt körperlicher Lusterfahrungen. Das können wir auch bei älteren Kindern beobachten. Oft sehen wir, wie Kinder am Daumen lutschen, Gegenstände wie Bauklötze oder anderes Spielzeug in den Mund nehmen oder an Kleiderstoffen saugen.

Der kleine Mund ist nicht nur Lust- und Nahrungsorgan, sondern in gewisser Weise auch Organ der Erkenntnis. Das Baby erfährt durch den Zeitpunkt, die Häufigkeit und die Dauer des Stillens, wie die Außenwelt zu ihm steht:

❍ Wie sicher kann ich sein, daß meine Bedürfnisse erkannt werden?

❍ Wieviel Zeit, wieviel Raum darf ich mir nehmen?

❍ Was muß ich tun, um das zu bekommen, was ich brauche – schreien, länger schreien, lauter schreien?

❍ Bin ich willkommen, bin ich wichtig, darf ich vertrauen, werde ich geliebt?

So saugt das Kind seine Einschätzung und sein Verhältnis zur Welt mit der Nahrung ein. Hier bildet sich das Urvertrauen oder aber die traurige, vorbewußte Erkenntnis: Die Welt ist gegen mich. Ich muß um die Befriedigung meiner Bedürfnisse kämpfen, will ich nicht untergehen. Ich gehe davon aus, daß diese frühen Erfahrungen ein Leben lang sexuelle und nicht-sexuelle Beziehungen mit einfärben.

Beide können Sieger sein

Zugegeben, auch ich habe es mir vor der Geburt meines Kindes nicht träumen lassen, welche Anstrengung es macht, gegen meinen gewohnten Rhythmus unter stellenweise gröbster Verletzung meiner körperlichen Grenzen den Lebenstakt dieses „kleinen Monsters" mitzuvollziehen. Das steht ja in keinem Lehrbuch, wie die Freude über den neuen Mitbewohner fast nur noch durch einen Nebel von Erschöpfung und Schlafbedürfnis wahrgenommen wird. Diesen Grad von Fremdbestimmung hätte ich mir ansonsten auch von keiner Macht der Welt gefallen lassen. Und wie beglückend war die Erfahrung, daß „es sich gelohnt hat" durchzuhalten. In für mich nicht bewußt wahrnehmbarer Weise haben wir unsere Bedürfnisse miteinander ausgehandelt, und unser Rhythmus hat sich weitgehend aneinander angepaßt. Das Schöne daran war, daß ich sicher sein konnte, daß es letztlich nicht Sieger und Verlierer gab – obwohl ich am Anfang doch starke Befürchtungen hegte, zu den Letzteren zu zählen.

In keiner Beziehung kann es nur um die Durchsetzung der Bedürfnisse eines Partners gehen. Deshalb müssen auch Mutter und Kind Geben und Nehmen miteinander aushandeln, um einen vielleicht ganz neuen, gemeinsamen Weg zu finden. Und auch das gelingt meist nicht gleich beim ersten Mal. Wenn Ihr Kind aber das Vertrauen mit der Muttermilch eingesogen hat und weiß, daß es auch zum Zuge kommt, gelingt es ihm mit mehr Gelassenheit, gelegentliche und vorübergehende Frustrationen zu ertragen. Und wirklich genußvoll ist die geschenkte, nicht die zwanghaft erkämpfte Befriedigung.

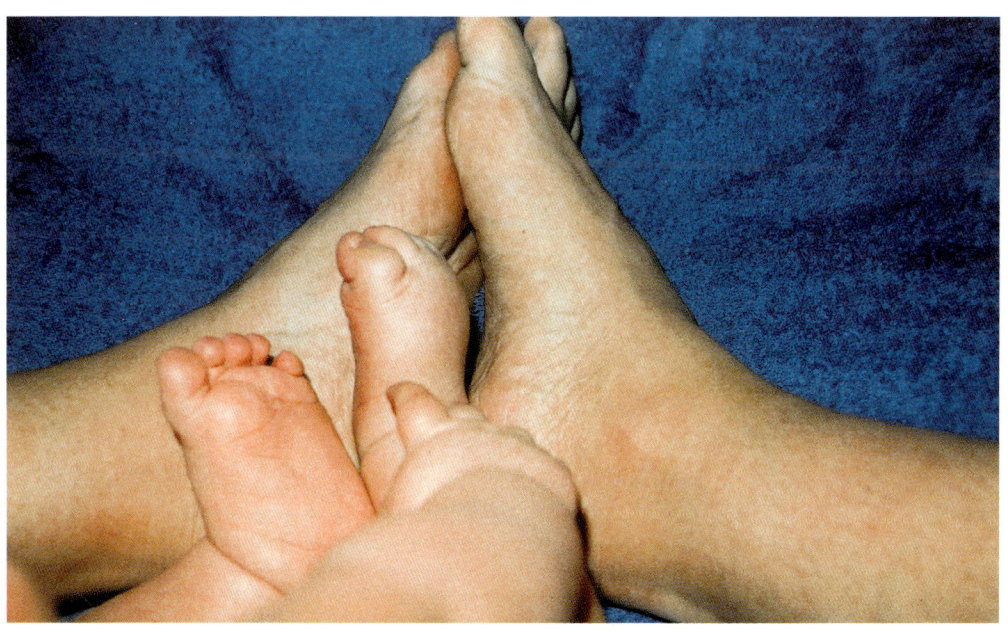

Wenn das Kind seinen Körper erforscht

Schon im ersten Lebensjahr erwacht das Interesse des Kindes, seinen eigenen Körper zu erforschen. Wenn es dann auch mal die Chance erhält, sich an einem wohligwarmen Ort eine Zeitlang ganz nackt aufzuhalten, findet es so zufällig, wie es sein empfindsames Ohrläppchen entdeckt, auch sein Geschlechtsteil. Da kann man wunderbar dran zupfen, oder es ist weich und warm und verdammt kitzelig.

Für das Kind hat die Entdeckung seiner Geschlechtsteile den gleichen prickelnden Stellenwert wie die Erforschung anderer Körperteile: Haut, Haare, Mund, Ohrläppchen, Bauchnabel und Nase. Was das neugierige Kind als ganz selbstverständlich erlebt – das Leben ist ja angefüllt mit sensationellen Neuentdeckungen – kann

uns in arge Bedrängnis bringen. Welcher Film geht in unseren Köpfen möglicherweise ab, wenn der kleine Penis sich zum Himmel streckt oder die kleine Mädchenhand die Geschlechtsspalte befühlt? „Das geht ja früh los! Wehret den Anfängen!" Vielleicht überwältigt mich auch die längst vergessen geglaubte Scham, die ich im Elternhaus bei meinen „Selbsterkundungen" empfunden habe?

Also: Hände weg? Das muß für das Kind noch kein Drama sein. Es ist ja – mal mehr, mal weniger – gewohnt, sich auch an einen fremden Rhythmus anzupassen: beim Essen, beim Schlafen, beim Spielen. Schließlich fordert ein Leben in der Gemeinschaft ständig Kompromisse. Und dennoch könnte das Kind durch seine wiederholt weggeschobene Hand lernen: „Zwischen Bauchnabel und Bein habe ich etwas ganz Gefährliches. Wenn ich mich da berühre, gucken Mama und Papa immer so schräg. Da lasse ich mal lieber die Hände weg, sonst haben die mich vielleicht nicht mehr lieb. Unterhalb vom Bauch gehört mein Körper nicht mir!"

Lassen Sie Ihr Kind Erfahrungen sammeln

Diese frühen sexuellen Spielereien geschehen eher unbeabsichtigt und spontan und haben zunächst noch nicht eigentlich etwas mit Selbstbefriedigung zu tun. Die Fähigkeit, derartig zielgerichtete Bewegungen auszuführen, erlangen die Kinder mit zwei bis vier Jahren. Doch auch dann spricht nichts dafür, dem Kind diese Handlungen zu verbieten. Selbstbefriedigung schadet keinem – eigentlich macht sie nur Spaß, zumindest demjenigen, der sie noch ohne Schuldgefühle betreiben darf.

Sie birgt auch die lustvolle Möglichkeit, den eigenen Körper kennenzulernen, was letztlich eine wichtige Grundlage für die Gefühlsentwicklung, das Körperbewußtsein und eine reiche, differenzierte Sexualbeziehung als Erwachsener ist. Denn wie sollte ich Lust schenken und empfangen können, wenn ich sie mir selbst verbieten muß – oder wenn ich gar nicht weiß, was mir selbst guttut? Das ließe mich nur abhängig werden von dem Wollen anderer, die mir dann sagen, was ich „brauche".

Wir alle wissen, daß wir letztlich auch nicht entscheiden können und werden, ob ein Kind onaniert oder nicht. Eigentlich haben wir nur die Wahl, unserem Kind vertrauensvoller Begleiter und Dialogpartner zu sein oder es durch Ablehnung und Verbote in die Heimlichkeit zu treiben und damit möglicherweise den unkontrollierten Einflüssen anderer auszusetzen. Deshalb sollten Sie Ihrem Kind zumindest atmosphärisch mitteilen, daß es nichts Verbotenes tut.

Geben Sie Ihrem Kind Orientierung

Es ist jedoch sinnvoll, dem Kind Orientierungen mit auf den Weg zu geben. Was beispielsweise zu Hause „okay" ist, ist im Caféhaus nicht „okay". Wenn die Oma zu Besuch ist, gelten andere Regeln, als wenn wir „unter uns" sind. Oder: „Es

stört mich, wenn du am Mittagstisch mit deiner Scheide spielst. Ich mag auch nicht, wenn jemand beim Essen in der Nase bohrt, auch wenn es noch so viel Spaß macht!"

Für die Kinder ist es nicht schwierig, bestimmte Regeln einzuhalten, wenn sie die Sicherheit haben, daß das dahinter liegende Bedürfnis nicht mit entwertet wird, daß sie selbst in Ordnung sind und verstanden werden. Alles hat seine Zeit, alles hat seinen Ort, das lernen Kinder von früh auf. Vergessen wir aber nicht, die Regeln zu begründen. Manchmal reicht es schon zu sagen, daß es Ihnen selbst unangenehm und peinlich ist, wenn die Leute so komisch gucken. Das ist allemal besser, als die abstrakte Norm: „Das macht man nicht!"

„Die Windel gehört mir" – Sauberkeitserziehung ohne Druck

Britta ist knapp drei. Sie ist ein übermütiges kleines Mädchen und traut sich schon viel zu. Neulich hat sie die ersten Versuche auf ihrem Fahrrädchen unternommen. Manchmal – da wird sie richtig wütend. Da kennt sie sich selbst nicht mehr. Wenn Mama wieder anfängt mit der Windel. Sie wäre doch schon groß, und große Kinder gehen auf die Toilette, sagt sie immer. Papa sagt dann ganz altklug: „Das Kind ist in der Trotzphase." Und das macht sie noch wütender! Britta mag die warme, weiche Windel am Po und – Britta will selbst bestimmen.

Britta hat es schwer! Aber die Eltern haben es deshalb nicht unbedingt leicht. Die Sauberkeitserziehung hat zwar heutzutage nicht mehr denselben hohen Stellenwert wie vielleicht noch vor ein bis zwei Generationen, als Eltern ihre Erziehungsaufgabe erfüllt hatten, wenn ihr Kind die gesellschaftlichen Tugenden von Sauberkeit, Pünktlichkeit und Ordnung ab einem möglichst frühen Zeitpunkt verinnerlicht hatte. Dennoch geraten auch heute eher gelassene Eltern unter Druck, wenn beispielsweise ein Kindergarten die Aufnahme des Kindes davon abhängig macht, ob das Kind „windelfrei" ist. Oder die Eltern sind es einfach leid, weiterhin übelriechende und kostspielige Windelberge zu produzieren.

Geben Sie Ihrem Kind etwas Zeit

Wenn Eltern – auch ungewollt – unter Druck geraten, landet dieser natürlich beim Kind. Dieser Druck, etwas zu tun, wozu das Kind körperlich oder seelisch noch nicht in der Lage oder bereit ist, verunsichert das Kind nicht nur im Bereich der Sauberkeit, sondern möglicherweise auch im sexuellen Bereich. Die Natur hat es nun einmal so angelegt, daß die „Organe höchster Lust" zum Teil identisch sind mit denen, die wir als Erwachsene als Quellen des Unrats bewerten. Diesem Widerspruch sind Eltern und Kinder spätestens dann ausgesetzt, wenn es darum geht, jetzt „endlich" mit der Sauberkeitserziehung ernst zu machen. Doch schon viel früher vermitteln wir dem Kind, wie wir zu seinen „ersten Produkten" stehen: Die volle Windel wird mit spitzen Fingern durch den Raum getragen, die „Sauerei" mit Leidensmiene von den Genitalien entfernt – das kleine Kind ist vermutlich nicht in der Lage wahrzunehmen, daß diese Mimik und Gestik seinen Ausscheidungen und nicht ihm gelten. So könnte es ungewollt geschehen, daß durch die täglichen Sauberkeitsrituale der sexuelle Bereich fortlaufend „beschmutzt" wird. „Da unten ist es iihh! Dafür muß man sich schämen!" Es muß uns nicht wundern, wenn Kinder etwa im Vorschulalter mit sexuell gefärbten Schmutzworten um sich werfen, um damit ihr eigentlich sexuellen Vorgängen geltendes Interesse schamhaft zu verschlüsseln. Schimpfworte unterliegen weniger einem gesellschaftlichen Tabu als der sexuelle Bereich. Sie mögen uns zwar ärgern, bringen uns aber möglicherweise nicht in so starken Erklärungsnotstand wie eine sexuell gefärbte Handlung und Frage eines Kindes.

Kevin ist zweieinhalb Jahre alt. Seit geraumer Zeit spielt er ganz allein und „verdächtig" leise in seinem Zimmer. Es ist ein milder Frühlingstag, und so vergnügt er sich nur mit einem Hemdchen bekleidet. Voller Stolz blickt er auf das Häufchen in der Mitte des Raumes. Das hat er ganz allein gemacht! Es fühlt sich schön warm an und ist herrlich glitschig. Und es lassen sich tolle Matschebilder damit machen.

Britta und Kevin sind in einem Alter, in dem sie – wie viele Kinder auch – ihre mit Nervenenden ausgestatteten Ausscheidungsorgane und das Ausscheiden selbst als lustvoll erleben. Das ist gerade auch die Zeit, in der sie erstmals ihre Unabhängigkeit vom Willen der Erwachsenen entdecken und erproben. Generationen von gestreßten Erziehungsberechtigten bezeichnen diese Zeit als „Trotzphase". Das Bedürfnis des Kindes, selbst über den Zeitpunkt seines Stuhlgangs entscheiden zu wollen, erleben manche Eltern und Pädagogen immer noch als Kampfansage gegen sich selbst.
Aber was haben sie eigentlich zu verlieren, außer dem Vertrauen ihrer Kinder, daß diese – so wie sie sind – sein dürfen und geliebt werden? Warum muß das Kind

gerade jetzt sauber werden? Warum nicht Vertrauen haben, daß unser Kind dies schon selbst hinkriegt, wenn es soweit ist? **Jeder, der mit etwas Gelassenheit dem Kind zugesteht, daß es seinen Zeitpunkt findet, indem es voller Stolz die Toilette erklimmt, weiß, daß es zwei Gewinner geben kann.** Ich habe schon öfter die Beobachtung gemacht, daß gerade dann, wenn Eltern genervt oder aus besserer Einsicht von dem Anspruch an das Kind ablassen, etwa seine Nuckelflasche aufzugeben, das Kind wenig später das gewünschte Verhalten aus eigenem Antrieb entwickelt. Es scheint so, als würde sich das Kind intuitiv vor der Kränkung schützen wollen, in einem verlorenen Machtkampf als „Verlierer" dazustehen. Deshalb klammern Kinder mitunter länger als sie es eigentlich selbst brauchen an dem „unerwünschten" Verhalten. Das soll nun keinesfalls bedeuten, daß wir angesichts von Kevins Bodenmalereien in Entzücken über sein „kreatives Potential" ausbrechen müssen. Im Unterschied zu Kevin finden wir das eklig. Wir finden es auch unhygienisch, ärgern uns natürlich über den beschmutzten Teppichboden. Deshalb sollten wir den Kindern unsere Meinung auch in aller Freundschaft und Deutlichkeit verständlich machen. Wenn wir auch in bezug auf das „Material" Entschlossenheit zeigen, so können wir doch gleichzeitig das sinnliche Bedürfnis zu matschen und zu patschen als legitim und lustvoll anerkennen. Und so sollten wir uns möglichst zurückhalten, wenn das Kind die wundervolle Welt der Pfütze oder die Matschepampe auf dem Spielplatz ganzkörperlich zu be-greifen beginnt.

Wie siehst du da unten aus? – Kinder lernen durch Kinder

Fine und Malte sind Freunde und beide fünf Jahre alt. Mit einem entschiedenen „Wir wollen jetzt nicht gestört werden!" haben sie sich in Fines Zimmer verzogen und sich dort eine Höhle aus Stühlen und Tüchern gebaut. Seit geraumer Zeit ist nichts zu sehen und zu hören. Nur ab und zu dringt ein leises Flüstern oder ein Kichern ins elterliche Wohnzimmer. Gerade hat Fine begonnen, ihre Strumpfhose …

Hier sollten die Eltern nicht stören. Fine und Malte haben ein kleines Geheimnis miteinander. Das sollten Sie ihnen nicht entreißen. Auch Kinder haben ein Recht auf Intimität. Nur wenn wir die Grenzen der Kinder achten, lernen sie auch, die Grenzen anderer zu respektieren. Im Alter von etwa drei Jahren entwickeln Kinder ein gesteigertes Interesse daran, wie Kinder des eigenen oder anderen Geschlechts unterhalb der Gürtellinie aussehen, wie sich die Genitalien anfühlen und wie es sich anfühlt, dort berührt zu werden. Dabei lernen sie, mit ihren Wünschen nach körperlicher Zärtlichkeit und Wohlergehen von ihren Eltern unabhängiger zu werden. Auch wenn uns der kontrollfreie Raum unbehaglich sein mag: Es ist ein ungeheurer Entwicklungsfortschritt, wenn Kinder sich trauen, die Türe zu schließen: „Eltern verboten!" Größer werden, unabhängig werden, schöne Geheimnisse vor den Eltern haben, die Spaß machen!

Über Erfahrungsspielräume zur Geschlechteridentität

Lassen wir die Kinder, denn sie machen wichtige Erfahrungen miteinander. Sie lernen, zärtlich und fürsorglich miteinander umzugehen; sie lernen, ihre Bedürfnisse zu äußern und die des Spielpartners zu respektieren; sie vergewissern sich ihres eigenen und des Körpers des anderen Kindes. Sie erkennen die Unterschiede zwischen Jungen und Mädchen und erwerben sich damit wichtige Voraussetzungen für die Entwicklung ihrer eigenen Geschlechteridentität. Spielerisch und forschend beantworten sie sich miteinander ihre Fragen und finden wieder neue. Auch in späteren Jahren werden das Lustprinzip und die unbefangene Neugier wesentlicher Antrieb dafür bleiben, die Welt zu entdecken und sich Fähigkeiten und Wissen anzueignen.

Kinder lernen mit Kindern und durch Kinder. Da braucht es nicht immer den Erwachsenen, dessen Pädagogik oft mit dem erhobenen Zeigefinger daherkommt. In einer Hinsicht brauchen sie ihn aber doch: Sie brauchen sein Vertrauen, daß sie auch ohne seine direkte Einflußnahme etwas Positives tun und leisten, daß auch sie schon in spielerischer Weise eine Art „Vorverantwortung" für ihr Tun übernehmen können und dürfen, die ihrem Entwicklungsstand entspricht. Selbstbestimmung und Verantwortung auch in Fragen der Sexualität können Kinder nur lernen, wenn sie sich diese Fähigkeiten in einem geschützten Raum handelnd aneignen.

Fines Mutter ist besorgt und aufgebracht. In der Badewanne klagt Fine über Schmerzen in der Scheide, die wund und leicht gerötet ist. Erst wollte Fine nicht mit der Sprache heraus, aber dann hat sie erzählt, daß Malte als Doktor eine „Spritze" mit einem Bleistift gegeben habe. Und weil sie dann immer noch krank war, habe sie ganz viel Spritzen bekommen müssen.

Auch Doktorspiele brauchen Regeln

„Da haben wir den Salat. Selbstbestimmung mag ja ganz sinnvoll sein, aber können die Kinder wirklich damit umgehen? Hat das nicht seine Grenzen? Gerade die Genitalien sind doch äußerst empfindlich. Muß man da nicht einschreiten?"

fragt Fines Mutter die Eltern von Malte. Ja. Fines Mutter drückt eine Sorge aus, die nur zu verständlich ist. Kinder brauchen Erfahrungsspielräume und Orientierungen. Doch jedes Spiel braucht seine Regeln. Das gibt Sicherheit und gewährleistet, daß aus Spiel nicht Ernst wird. Warum sollten wir nicht genau das tun, was uns bei anderen Spielen ganz selbstverständlich ist: mit den Kindern Regeln entwerfen?

Und noch eines: Das Spiel bleibt nur dann spielerisch, wenn es sich um etwa gleichaltrige Kinder handelt. Das wissen auch die meisten Kinder und suchen sich gleichaltrige Partner. Zu große Alters- oder Entwicklungsunterschiede bergen das Risiko, daß der oder die Überlegene allein die Regeln ausgibt und seine oder ihre Machtposition mißbraucht. Schätzen Sie die Situation ein, und erklären Sie den Kindern gegebenenfalls, warum Sie das Spiel selbst oder die geschlossene Tür nicht dulden

Regeln für Doktorspiele

- ○ Wenn einer „Stopp!" sagt, ist das Spiel beendet.
- ○ Weh tun ist verboten.
- ○ Mit Gegenständen in der Scheide spielen oder Gegenstände in die Scheide stecken ist verboten.
- ○ Wenn einer keine Lust mehr hat, ist das Spiel beendet.
- ○ Wenn der andere sich nicht an die Regeln hält, ist das Spiel vorbei.
- ○ Wenn sich einer beim Spiel oder hinterher „komisch" oder „doof" fühlt, erzählt er es einem Erwachsenen. Das ist dann keine „Petze", sondern „Hilfe holen".

Mami, ich will dich heiraten

Torsten ist sechs. Gerade ist er in die Schule gekommen. Jetzt ist er eigentlich schon fast erwachsen – findet er. Beim „Vater-Mutter-Kind-Spielen" besteht er darauf, der Vater zu sein. Er ist doch kein Baby mehr und auch keine Frau, entrüstet er sich. Neulich hat er der Mama gesagt, daß er sie später mal heiraten wird, da sei er ganz sicher. Papa sieht das zwar nicht ganz ein. Doch wenn Torsten nachts ins Ehebett kommt, dann räumt Papa immer das Feld, weil es ihm zu eng wird.

Irgendwann zwischen drei und acht Jahren haben die meisten Kinder derartige Phantasien und Wünsche. Sie mobilisieren heftige Liebesgefühle für den gegengeschlechtlichen Elternteil und setzen alles daran, den „Rivalen" zu besiegen. In der geschützten Atmosphäre des Elternhauses probieren sie aus, wie weit sie ihre bis dahin erworbene Geschlechteridentität trägt. Jungen versuchen mitunter, als Charmeur und Beschützer bei ihrer Mutter zu landen; Mädchen beschnurren und beflirten den Vater, als gelte es, eine Rolle der Marilyn Monroe neu zu besetzen. Wie im Vergrößerungsspiegel erleben wir das ganze familiäre und gesellschaftliche Rollenrepertoire.

Die Gefühle ernst nehmen

Auch wenn wir innerlich diese manchmal staksigen Versuche belächeln, so sind wir doch aufgefordert, die großen Gefühle der Kleinen ernstzunehmen, denn sie sind ernst gemeint. Es muß von uns ja keine böse Absicht sein, aber mit einer ironischen oder abfälligen Bemerkung riskieren wir möglicherweise eine große Kränkung des sich ausprobierenden Kindes. Wir sollten dem Kind vielmehr die Sicherheit geben, daß es auch von uns geliebt wird und uns seine Liebe glücklich macht. – Einerseits!

Grenzen setzen – Rollensicherheit erwerben

Auf der anderen Seite kratzt das „Begehren" des Kindes, als Partner des gegengeschlechtlichen Elternteils akzeptiert zu werden, an der Generationengrenze. Diese muß jedoch aufrechterhalten werden, damit das Kind Rollensicherheit gewinnt. Auch unter präventiven Gesichtspunkten ist dies dringend geboten. Sexuell mißbrauchte Kinder werden als „Ersatzpartner" gerade der Sicherheit beraubt, Kind sein zu dürfen. Sie werden gezwungen, Verantwortung für das „Wohlergehen" eines Erwachsenen zu tragen – wo es doch umgekehrt sein müßte. Die Umkehrung der Rollen macht es diesen Kindern sehr schwer, gegenwärtig und als Erwachsene Rollensicherheit zu erwerben und klare Grenzen zu ziehen.

Keinesfalls dürfen die „Koketterie" eines kleinen Mädchens als Aufforderung zu sexuellen Übergriffen und die „Galanterie" des kleinen Jungen als Angebot auf einen Ersatzpartner mißverstanden werden. Wir lassen uns doch auch auf rituelle Boxkämpfe mit den Kleinen ein, ohne sie k. o. zu schlagen.

Wir kommen nicht umhin, dem Kind diese Grenze deutlich zu machen: Mutter oder Vater sind schon „vergeben"! „Wir können das Heiratsangebot nicht annehmen und wollen es auch nicht. Das schmälert aber nicht die Liebe, die wir für dich empfinden!" Auch wenn das Kind diese Grenze nicht leicht einsehen und den „Korb" als Zurückweisung erleben kann, erhält es von seinen Eltern so doch wichtige Orientierungen und wird letztlich frei dafür, sich in seiner eigenen Generation nach Freundinnen und Freunden umzusehen.

Ich kenne meinen Körper, und der gehört mir

Bei einem Besuch eines Kindergartens machte mich ein Poster nachdenklich. Unter der Überschrift „Mein Körper" wurde ein Kind gezeigt, auf dessen Körperteile Pfeile hinwiesen: meine Nase, mein Mund, meine Arme ... Nur hatte es ein Unterhöschen anbehalten! Was sich darunter befand und welche Namen das hat, blieb der Phantasie des Kindes überlassen.

Ein Kind bringt aber bekanntermaßen seinen ganzen Körper mit in den Kindergarten. Es trennt nicht zwischen Bewegungsapparat, Wahrnehmungs- und Geschlechtsorganen. Vielleicht lernen die Kinder an dem Poster mehr, als daß Nase „Nase" heißt und Fuß „Fuß". Vielleicht lernen sie auch die Lektion, daß man darüber, was sich unter dem Höschen befindet, besser nicht spricht.

Erwachsene, die sich in mißbräuchlicher Absicht einem Kinde nähern, machen sich oft aber gerade die Unwissenheit der Kinder über ihren eigenen und den gegengeschlechtlichen Körper und ihre natürliche diesbezügliche Neugier zu Nutze. Unwissende Kinder mögen sich dann fatalerweise „eingeweiht" fühlen in die „Geheimnisse der Erwachsenenwelt".

Der Reiz des Verbotenen liefert unwissende Kinder in doppelter Weise aus: Sie werden anfällig für Versprechungen und Verführungen, und ihnen fehlen Vertrauen und Worte, ihr belastendes Erlebnis anderen mitzuteilen.

Deshalb sollten wir den Kindern auch durch Spielangebote ermöglichen, ihren eigenen Körper und den des anderen Geschlechts kennenzulernen und seine Funktionen zu verstehen.

Jedes Kind brennt darauf, Unterschiede und Gemeinsamkeiten zu entdecken und somit auch stolz sein zu dürfen auf die eigene Geschlechtszugehörigkeit.

Das ist mein Körper

Körperbilder, die Kinder von sich und anderen Kindern anfertigen können, bieten einen guten Anlaß, über den eigenen Körper und seine Funktionen ins Gespräch zu kommen. Sie ermöglichen den Kindern, sich ihren Körper auch sprachlich anzueignen und dabei Tabuzonen zu benennen, um schließlich stolz sagen zu können: „Das ist mein Körper."

Sie brauchen eine große Rolle Packpapier, Kreide (damit die Kleidung nicht verschmutzt) und bunte Filzstifte oder anderes Malmaterial.
Natürlich können Sie dieses Spiel auch mit Ihrem Kind alleine spielen. Besser ist es allerdings, wenn mehrere Kinder zusammen spielen. Dann sucht sich jedes Kind einen Partner. Ein Kind liegt auf dem Papier, das andere zeichnet seine Körperumrisse zunächst mit Kreide und umgekehrt. Jedes Kind verstärkt seinen Körperumriß in seiner Lieblingsfarbe.
Nun sollten Sie darüber beraten, welche Teile zum Körper gehören und wie sie heißen. Diese werden nach und nach von den Kindern in ihr Körperschema eingemalt. Die Geschlechtsorgane sollten nicht fehlen.
Wenn Kinder ihr eigenes Körperschema lieber „anziehen" möchten, sollten sie das tun dürfen. Sie haben die Möglichkeit, zusätzlich zwei Papierkinder herzustellen, die Phantasienamen bekommen und dann als „Demonstrationsmaterial" dienen können.

Die Kinder dürfen alle Bezeichnungen für die Geschlechtsorgane aussprechen, die sie kennen. Verständigen Sie sich mit den Kindern, welche Worte „okay" sind und welche Worte kränkend, verletzend, abwertend sind und sie deshalb nicht benutzen wollen.
In einem zweiten, späteren Spielgang überlegen Sie mit den Kindern, was sie alles mit ihren Körperteilen machen können, wozu sie wohl da sind. Denn die Entdeckung der Vielfältigkeit der Körperfunktionen empfinden Kinder als ausgesprochen spannend und ermöglicht ihnen einen bewußteren Umgang damit.
Mit dem Mund kann man: beißen, küssen, spucken, schmecken, sprechen, lecken, essen, pusten – was noch?
In einem weiteren Schritt geht es um die Ermutigung, selbst über den Körper bestimmen zu dürfen, unter dem Motto: Mein Körper gehört mir!

○ Wer darf dich wo berühren, und wer darf das nicht?
○ Welche Berührungen sind für dich angenehm, welche unangenehm oder komisch? Gibt es dabei Unterschiede, wenn dich verschiedene Personen berühren? Wenn zum Beispiel die Mama über dein Haar streichelt oder ein Fremder in der Straßenbahn?
○ Was kannst du tun, wenn dir eine Berührung unangenehm ist?
○ Wem kannst du davon erzählen, wer kann dir helfen?

Körperpuzzle

Die allermeisten Kinder zwischen drei und sechs Jahren interessieren sich für den „kleinen Unterschied" zwischen den Geschlechtern. Nicht selten drücken sie ihre diesbezügliche Unsicherheit durch verschämtes Kichern oder sexuell aggressiv geladene Schimpfworte aus. Sie können Ihrem Kind Orientierung geben, indem Sie es, ausgehend von seinem Wortschatz, die Erfahrung machen lassen, daß jeder ohne Peinlichkeit den Unterschied benennen kann.

Diese Unterschiede zu benennen und Gemeinsamkeiten zu erkennen, ist Ziel dieses Spiels.

Sie brauchen zwei verschiedenfarbige Pappen aus Tonkarton. Zeichnen Sie auf einen Karton einen nackten Jungen, auf den anderen ein nacktes Mädchen. Zerschneiden Sie die beiden Zeichnungen in viele Teile, die sie Ihrem Kind geben. Nun soll es die Puzzles wieder zusammensetzen. Sprechen Sie anschließend gemeinsam darüber:

❍ Worin unterscheiden sich die Körper von Jungen und Mädchen?
❍ Welche Worte kennt Ihr Kind dafür?
❍ Unterscheiden sie sich auch sonst noch? Spiele, Fähigkeiten, Vorlieben, Lieblingsspeisen ...?

Mich hat ein Floh gestochen

Vielleicht kennen Sie dieses Spiel noch aus eigenen Kindertagen. Es ermöglicht dem Kind, spielerisch und im Kontakt mit Ihnen, den Reichtum des eigenen Körpers zu entdecken und Worte für seine zahlreichen Teile zu lernen. Dabei erlebt das Kind, daß auch die Benennung der Geschlechtsorgane kein Tabu in Ihrer Familie ist, wenn sie der Floh zum Beispiel in Busen oder Scheide sticht:

Kind: Mich hat ein Floh gestochen!
Alle: Wo denn?
Kind zeigt auf eine Körperstelle, zum Beispiel auf den Bauch und sagt:
Auf meinen Bauch!
Alle kratzen sich am Bauch.
Das nächste Kind ist dran.

4

Jede Hand ist anders

Wenn Ihr Kind seinen eigenen Körper entdeckt und feststellt, „So bin ich – und dieser Körper gehört nur mir", so ist damit ein wichtiger Baustein für die Entwicklung von Ich-Stärke und Abgrenzungsvermögen gelegt. Stolz auf den eigenen Körper zu sein und dabei die Erfahrung zu machen: „Jeder Mensch ist anders und jeder hat seinen Platz" sind wichtige und grundlegende Erziehungsziele nicht nur – aber insbesondere – in der Sexualerziehung. Ein kleiner Schritt kann schon die Erkenntnis sein: „Jede Hand ist anders."

Bereiten Sie verschiedene Töpfe mit Fingerfarben vor, und rollen Sie ein Stück Tapete oder Packpapier ab. Nun sucht jeder Mitspieler seine Lieblingsfarbe aus, taucht eine Hand hinein und drückt sie auf das Papier. Besprechen Sie sich im Anschluß daran:

Wo ist meine Hand?

Wem gehört welche Hand? Sehen alle Hände gleich aus?

Das geht auch mit den Füßen prima.

Schreib mir was

Bei diesem Spiel sitzen mehrere Kinder dicht hintereinander in einer Schlange. Das Kind am Ende der Schlange schreibt seinem Vordermann mit dem Finger eine Zahl, einen Buchstaben oder ein Symbol auf den Rücken. Bei älteren Kindern können es auch kurze Wörter sein. Nun wird die Botschaft auf dem Rücken des jeweils nächsten Kindes weitergegeben bis zum Ende der Schlange. Das letzte Kind sagt schließlich laut, welche Nachricht es empfangen hat.

Finger-Tanz

Dieses Paar-Spiel können Sie allein mit Ihrem Kind spielen, lustiger ist es aber mit mehreren Kindern: Dabei berühren sich jeweils zwei Spielpartner mit allen zehn Fingerspitzen und tanzen, ohne sich zu verlieren. Das ist schwieriger, als es sich anhört und erfordert viel Konzentration. Welches Paar schafft es am längsten, die Finger aneinander zu halten? Natürlich kann dieser Tanz auch mit anderen Körperteilen probiert werden: mit der Nase, dem Po, den Ellbogen ...

Kinder fragen – Eltern antworten

Emma und ihre Mutter hören gemeinsam beim Frühstück eine Radiosendung, bei der Emma das Wort „Kondom" aufschnappt. „Mutti, was ist ein Kondom?" fragt Emma. Emmas Mutter verschluckt sich am Kaffee und bringt unter Husten gerade noch heraus: „Emma, sei so lieb, frage deinen Vater!" Als Emma bei ihrem Vater ankommt, hört sich das so an: „Papi, was ist Kon ... äh ... ein Köln ... ein Neuköllner Dom?"

Eine wahre Geschichte aus Berlin-Neukölln, die uns zeigt, daß die einfachsten Fragen die kompliziertesten für den sein können, der sie beantworten soll.

Was Kinder entwicklungsbedingt oft noch eher interessiert, sind Fragen nach ihrer eigenen Herkunft, wie sie aus dem Bauch herausgekommen sind, und ganz Neugierige wollen eventuell auch wissen, wie sie da hineingekommen sind. Wenn Kinder alt genug sind zu fragen, sind sie auch alt genug dafür, ehrliche Antworten zu erhalten.

Achten Sie auf altersgerechte Aufklärung

Die Scheu vor Aufklärung ist oft von der Angst getragen, daß „zu frühe" Aufklärung dem Kind schaden könnte. Die Erfahrung zeigt jedoch, daß zu frühe Aufklärung das Kind allenfalls langweilt. Manchmal erwarten sie auch nur eine kurze Information wie: „Du bist in meinem Bauch gewachsen!" Wenn wir dann bei „Adam und Eva" anfangen, hören sie mitunter schon gar nicht mehr hin. Und dennoch hören sie mit ihrem „dritten Ohr" etwas mit, was wir tunlichst verbergen wollten: „Die Art von Fragen sind mir unangenehm. Da spricht man besser nicht drüber!" – obwohl wir uns gerade aufrichtig abmühen, „darüber zu sprechen". Auch ein Zuviel bei der Beschreibung von Details aus dem ehelichen Geschlechtsleben kann vom Kind als grenz- und schamverletzend empfunden werden. Hören wir also genau hin, was die Kinder wirklich wissen wollen und ob oder was sie möglicherweise beunruhigt, denn manchmal stecken hinter den Fragen auch angsterregende Phantasien. Wenn wir an dieser Stelle den Dialog vermeiden oder das Kind mit einem „Später" auf ein „Nie" vertrösten, machen wir es ihm quasi unmöglich, bei etwaigen belastenden Sexualerfahrungen von uns Hilfe zu erwarten. Wir müssen auch nicht immer warten, bis das Kind von sich aus Fragen stellt. Manche Kinder fragen nicht, weil sie glauben, in ihren mitunter angsterregenden Phantasien Antwort genug zu haben. Manche fragen nicht, weil es sich ihnen schon rein atmosphärisch mitgeteilt hat, daß über diesem Thema ein Tabu liegt. Die Gründe können vielfältig sein. Keine Fragen zu stellen, muß nicht heißen, keine Fragen zu haben. Es gibt inzwischen eine Fülle von und altersangemessenen Kinderbilderbüchern, die sowohl Neugier befriedigen als auch zu Neugier ermutigen können.

Achten Sie auf eine angemessene Sprache

Es muß nicht unser persönliches Unvermögen sein, das ein unbelastetes Gespräch mit unserem Kind erschwert. Es fehlt auch schlicht ein Stück Handwerkzeug: eine angemessene Sprache. Wie wirksam auch in der heutigen, scheinbar so aufgeklärten Zeit das Sexualtabu ist, zeigt die Einengung der allgemeinen Bildhaftigkeit der Sprache im sexuellen Bereich. Körperteile und Vorgänge, die nicht genannt werden dürfen, erhalten auch keine Worte. Allenfalls der Medizin gestand man noch zu, „wissenschaftliche" Begriffe zu bilden wie Penis, Klitoris, Vagina ...

Wie wenig Zärtlichkeit und Gefühl unsere Sprache auszudrücken vermag, wird noch deutlicher, wenn es um Worte geht, die sexuelle Aktivität ausdrücken sollen wie koitieren, kopulieren, masturbieren. Das versteht doch kein „normaler" Mensch mehr, geschweige, daß er dabei etwas Positives empfindet. Wenn sich dann derselbe „normale Mensch" doch zu sexuellen Fragen äußern möchte, bleiben ihm zwei Möglichkeiten: Entweder er greift in die kindliche Sprachkiste: „Pimmelchen" und „Pipimaus" oder zum Gassenjargon. Wir werden aus dieser Klemme nicht herauskommen und können nicht auf allgemein anerkannte Sprach-Neuschöpfungen warten, die gleichermaßen präzise und von Zärtlichkeit getragen sind. **Deshalb müssen wir im kleinen Kreis, in Familie, Kindergarten und Schule versuchen, zu unserer und einer gemeinsamen Sprache zu finden.** Was halten Sie von einem „Familienrat", wo Sie mit Ihren Kindern alle Begriffe für männliche und weibliche Geschlechtsteile sammeln, die Sie kennen. Anschließend können Sie gemeinsam überlegen, welche Worte Sie warum schön finden und welche unangemessen oder kränkend sind.

Tips

○ Stellen Sie Ihrem Kind nur Bücher zur Verfügung, die Sie vorher selbst gelesen haben und zu denen Sie selbst positiv stehen.

○ Bereiten Sie sich auf Fragen des Kindes vor, zu denen das Kind auch positiv angeregt werden kann, wie „Wie macht man eigentlich Kinder?" oder „Hast du das auch mit Papi gemacht?"

○ Lesen Sie ein Buch auch einmal im Hinblick auf die Geschlechterrollen, die transportiert werden. Sind Sie damit einverstanden?

○ Komplizierte Zusammenhänge wie den Zeugungsvorgang in einfachen Worten darzustellen, ist gar nicht so leicht. Probieren Sie es doch einmal mit ihrem Partner aus. Das macht Sie sicherer, wenn Ihr Kind beginnt, Fragen zu stellen.

○ Um die Phantasien oder Vorinformationen Ihres Kindes zu ergründen, kann es sinnvoll sein, ihm eine Frage zunächst zurückzugeben: „Was denkst du selbst, woher die kleinen Kinder kommen?" Das macht es leichter, das Kind da abzuholen, wo es steht.

○ Nicht alles, was stimmt, müssen Sie erzählen. Aber alles was Sie erzählen, muß stimmen.

5

„Ich sage ‚Ja‘ zu mir!" – Sexualerziehung mit allen Sinnen

Den Sinnen hast du dann zu trauen,
kein Falsches lassen sie dich schauen,
wenn dein Verstand dich wach erhält.
Mit frischem Blick bemerke freudig
und wandle, sicher wie geschmeidig,
durch Auen reich begabter Welt.

Johann Wolfgang von Goethe

Für das Kind sind die Sinne das Tor zur
Welt und der Schlüssel zum eigenen Ich.
Die Sinne sagen dem Kind so viel mehr als
belehrende Worte, weil diese das eigene
Tun ausschließen: Was sagt das Wort
„Apfelsine" einem Kind, das noch nie
eine solche in der Hand hatte?
Die geriffelte und doch glatte Haut, der
bittere Geruch der Schale, der gemeine
Saftspritzer beim Schälen, die klebrigen
Tropfen des Saftes auf der Hand, das
Saure und das Süße beim Essen: „Aha,
das ist eine Apfelsine!" Das Kind hat sie
begriffen. Ohne Sinne kein Verstand,
ohne Sinne kein Gefühl.

Jasagen lernen zum eigenen Körper

Sinnlichkeit – Schlüsselwort für eine be-
jahende Sexualerziehung: Jasagen lernen
zu meinem eigenen Körper und meinen
Wahrnehmungen. Erst die sinnliche Er-

fahrung mit dem eigenen, dem fremden
Körper und den Dingen ermöglicht es
dem Kind, einen reichen und differenzier-
ten Eindruck zu erhalten und einen angemessenen Ausdruck zu finden.
Das sind unverzichtbare Voraussetzungen
und Bestandteile der Sexualentwicklung.

Meine fünf unveräußerlichen Freiheiten

Zu sehen und zu hören –
was in mir ist und mit mir ist,
und nicht, was dort sein sollte,
dort war oder vielleicht sein könnte!

Zu sagen – was ich fühle und denke,
und nicht, was ich sagen sollte!

Zu fühlen – was ich fühle,
und nicht, was ich fühlen sollte!

Zu fragen – was ich möchte,
und nicht warten, warten, warten
auf Erlaubnis!

Zu wagen – was mich reizt,
statt immer nur „Sicherheit" zu wählen!

Ich probier's einfach aus!

Virginia Satir

Und kann jemand, der sich zeitlebens an der Pommesbude ernährt hat, ein raffiniert zubereitetes Mahl wirklich genießen oder gar selbst herstellen? Die Sensibilisierung der Sinne ist damit auch Erziehung zur Genußfähigkeit.

Wer genießen kann, wird auch spüren, was ihm nicht gefällt. Er wird unangenehme Erfahrungen und Berührungen ablehnen und sich dagegen zur Wehr setzen. Sinnliche Erfahrungen hinterlassen Spuren, Erinnerungsspuren. Knirschender Sand unter den Fahrradreifen versetzt mich noch immer spontan und unmittelbar in die wunderbare Ferienzeit mit meinen Eltern in Holland. Empfindungen wie Wärme, Ausgelassenheit, Nähe, Glück, Liebe und der unvergleichliche Geschmack des holländischen Honigbrotes steigen zugleich mit einem solchen Geräusch empor. Fünf Jahre war ich damals alt.

Selbstbewußtsein durch sinnliche Wahrnehmung

Erziehung zum Eigen-Sinn ist ein wichtiger Baustein einer präventiven Erziehung: Das bin ich in der vielfältigen Welt, und ich traue meinen Wahrnehmungen. Wenn ich selbstbewußt „Ja" zu mir und meinen Wahrnehmungen sagen kann, fällt es mir leichter, „Nein" zu Situationen und Menschen zu sagen, die mir nicht guttun. Denn Neinsagen ist nicht leicht – gerade wenn sich der andere bedürftig zeigt, wie es mißbrauchende Erwachsene gegenüber den hilfsbereiten Kindern in der Regel tun. Erst auf der Basis von Selbstbewußtsein, dem positiven Kontakt zu den eigenen Bedürfnissen und Fähigkeiten, wird es leichter, dem fremden Ansinnen ein klares „Nein!" entgegenzusetzen. Dieses Selbstbewußtsein entwickeln Kinder aber nicht im Kopf, sondern in der sinnlichen Wahrnehmung ihrer selbst und ihrer Umgebung.

Mit den Händen kann ich fühlen.
Ich habe ein Gefühl.
Die Haut ist weich.
Sie kräuselt sich – Gänsehaut.

Mit den Augen kann ich sehen.
Ich sehe was, was du nicht siehst.
Deine Augen lachen.
Ich kann mit meinen Augen schmecken –
Du auch?

Mit den Ohren kann ich hören.
Hörst du die Stille?
Ich spitze die Ohren.
Das ist ja un-erhört!

Meine Zunge, die kann schmecken.
Das Bittere und das Süße.
Am liebsten mag ich Erdbeereis.
Alles Geschmackssache.

Mit der Nase kann ich riechen.
Ich kann dich gut riechen.
Manchmal stinkt's mir.
Dann rümpfe ich die Nase.

Sinn-volles mit Kindern tun – Wie fühlt sich das an?

Ich fühle etwas – außen. Ich habe dann so ein Gefühl – innen. Über Fühlen bilden sich Gefühle. Neulich lief mein Kind Luca barfuß durch den warmen märkischen Sand und sagte: „Ich habe so ein schönes Gefühl." Kinder erfühlen sich die Welt: Bis zum Hals in Matschepampe, einen Baum streicheln, ist der Zaun wirklich elektrisch? Die Dinge erschließen sich in ihrer Eigenart und Vielfalt.

Im Unterschied zum Sehen und Hören ist das Erfühlen auf Nähe angewiesen. Im Fühlen geht es um Beziehung – zwischen mir und den Dingen und zwischen Menschen. Der Tastsinn ist elementar für die emotionale und geistige Entwicklung des Kindes und zugleich vom „Aussterben bedroht". Unsere Städte und die neuen Medien machen es den Kindern schwer, die Welt zu be-greifen. Fern-sehen zeigt die nahe und die entfernteste Welt und verbirgt sie zugleich: Ich sehe, aber ich verstehe nicht, weil sie nichts mit mir und meinem Fühlen, meinem Gefühl, zu tun hat. Deshalb ist es wichtig und lohnend, den Kindern die Welt wieder heranzuholen und die Kinder an die Welt: Faß mal an! Wie fühlt sich das an? Außen und Innen? Welche Gefühle halten die Dinge für dich bereit?

Tips

Wenn Sie den Tastsinn Ihres Kindes im Alltag fördern möchten, finden Sie hier einige Anregungen:

○ Lassen Sie Ihr Kind die Augen schließen und mit seinen Fingern seinen Körper erkunden. Dabei beschreibt es, wo sich seine Finger gerade befinden: auf den Augen, auf dem Mund, auf dem Arm, auf den Füßen ... Wie fühlt es sich an?

○ Stellen Sie Ihrem Kind eine Kiste mit Stoffen und Kleidern zur Verfügung. Es wird eine Menge Spaß daran haben, neue Kostüme auszuprobieren und Stoffe zu fühlen. Es entdeckt dabei auch, wie es sich in einer neuen Haut anfühlt.

○ Gerade für jüngere Kinder ist es wichtig, an den Hausarbeiten teilnehmen zu dürfen. Vertrauen Sie ihm kleinere Aufgaben an, wie Besteck einräumen, den Pfannkuchenteig rühren oder Geschirr abtrocknen. Das fördert nicht nur den Tastsinn, sondern auch das Selbstvertrauen.

○ Damit Ihr Kind ein Gefühl für seine Umwelt entwickelt, gehen Sie mit ihm einfach nach draußen: Lassen Sie Ihr Kind die Augen schließen und den Wind, die Sonne oder die Regentropfen auf der Haut spüren.

○ Lassen Sie Ihr Kind bei einem Ausflug Steine, Blätter, Gräser und andere Dinge sammeln. Zuhause kann es die Sachen befühlen und untersuchen.

○ Auf einem Spielplatz kann Ihr Kind barfuß und mit geschlossenen Augen durch den Sand laufen. Was für ein Gefühl ist das?

Die Welt in die Hand nehmen

Neulich fiel mir ein Bilderbuch in die Hand, das unter der Überschrift „Sinnesschulung" das Ziel verfolgte, Kindern die Unterschiede in der Beschaffenheit von Alltagsgegenständen wie naß, stachlig, pelzig anhand von Fotos nahezubringen. Die Fotos fühlen sich aber alle naturgemäß gleich glatt an. Deshalb muß dieser gutgemeinte Versuch, dem kleinen Kind etwas über die Eigenschaften der Dinge mitzuteilen, scheitern. Denn erst, wenn es eine stachelige Distel gefühlt hat, entsteht ein sinnlicher Bezug zu „stachlig". Es hat gespürt, daß Stacheln pieken und ein unangenehmes Gefühl schaffen. Das Kind entwickelt eine Gefühlsbezie-hung zur stacheligen Pflanze. In Zukunft wird es vorsichtig mit Disteln umgehen. Der Begriff „stachlig" bildet sich über das Begreifen – im Sinne von ganz praktischem Anfassen der Stacheln. Deshalb sollten wir die Kinder ermutigen, die Welt in die eigene Hand zu nehmen und sie sich damit auch begrifflich zu erobern.

Anfassen erlaubt

Kinderfreundlich ist nicht unbedingt die Wohnung, die klinisch sauber und ohne Ecken und Kanten ist, wo die interessantesten Gegenstände außer Reichweite aufbewahrt werden. Kinderfreundlich ist die Umgebung, in der es etwas zu entdecken und zu erfühlen gibt, wo es auch mal kratzt und piekst, heiß und kalt ist. Im Unterschied zum Museum steht deshalb über unserer Eingangstür: „Anfassen erlaubt!"

Wie wäre es mit einem kleinen Rundgang durch die Wohnung? Die Kinder dürfen alle Gegenstände in die Hand nehmen und beurteilen. Fragen Sie Ihr Kind dabei:

Wie fühlt sich das an? Naß – rauh – flauschig – glatt – weich – klebrig? Was fühlst du dabei? AAHH – OHHH – IIHHH?

Sprechen Sie mit Ihrem Kind darüber, welches Ding ihm angenehme und welches eher unangenehme Gefühle bei ihm auslöst. Bestärken Sie es in seiner Wahrnehmung, auch wenn sie sich von Ihrer unterscheidet. Wir sind oft viel zu schnell dabei, dem Kind seine Wahrnehmungen auszureden: „Das tut doch gar nicht weh. Das ist doch nicht mehr heiß!"

Nur wenn wir unseren Kindern ihre eigene Einschätzung lassen, die sich durch weitere Erfahrungen auch wieder ändern kann, wird das Kind Vertrauen in seine Gefühle entwickeln.

Tasten, Matschen, Kneten

Welches Kind genießt es nicht, Glitschiges, Matschiges und Pampiges mit den Händen und manchmal ganzkörperlich zu bearbeiten? Auch das Teigkneten beim Kuchenbacken kann zu einem sinnlichen Erlebnis werden.

Tonlandschaften

Ton ist Dreck, Matsch, Pampe – und Ton ist ein tolles Material. Mit Wasser vermischt, rühren auch kleinere Kinder mit Begeisterung darin herum. Dabei ist Ton ein „sauberer" Dreck, denn er hat eine seifige Wirkung und läßt sich leicht mit Wasser entfernen. Fast alle Kinder gehen neugierig auf das Material zu. Dabei sollten die Kinder über einen möglichst langen Zeitraum Erfahrungen damit machen können, ohne daß sie unter „Produktzwang" geraten. Der Weg ist das Ziel. Lassen Sie Ihr Kind möglichst viel mit Ton spielen. Sollte Ihr Kind noch klein sein, ist es zuerst vielleicht noch etwas ängstlich. Zeigen Sie ihm die Eigenschaften des Materials, aber drängen Sie es nicht. Wenn aber erst einmal Wasser hinzukommt und das Kind Zeit hat, den Ton auszuprobieren, wird es bald selbstbewußter damit umgehen. Herrlich glitschige Tonlandschaften werden auf einer Platte entstehen, die immer wieder neu gestaltet werden kann.

Weiche Knete – selbstgemacht

Ein außerordentlich sinnliches Tasterlebnis kann auch beim Kneten entstehen. Hier geht es wie beim Tonen zunächst schlicht um die Lust an der Berührung. Sollte Ihr Kind Spaß daran finden, phantasievolle Figuren anzufertigen – umso besser.

Hier das Rezept:
Für rund ein Kilogramm Knetmasse brauchen Sie 400 Gramm Mehl, 200 Gramm Salz, zwei Teelöffel Alaunpulver (aus der Apotheke), vier Eßlöffel Öl, ein Päckchen Lebensmittelfarbe (Ostereierfarbe) und einen halben Liter Wasser.

In einer großen, hitzebeständigen Schüssel vermischen Sie Mehl, Salz und Alaunpulver. Das Wasser erhitzen Sie in einem Topf und rühren in das kochende Wasser Öl und Lebensmittelfarbe. Den so entstandenen Sud rühren Sie langsam in das Gemisch aus Mehl, Salz und Alaun. Nun solange weiterrühren, bis der Knetteig lauwarm geworden ist. Dann können die Kinder mit den Händen weiterkneten. Ist die Masse zu trocken, kann man noch etwas Öl hinzugeben.
In einer Plastiktüte aufbewahrt, hält die Masse sehr lange. Ist sie einmal hart geworden, ist sie unbrauchbar.
Das sinnliche Vergnügen ist am größten, wenn die Knete noch warm ist.

58

Der wandernde Fühlsack

Die Entwicklung und Differenzierung des Tastsinns ist grundlegend für die Entwicklung des eigenen Gefühlsreichtums sowie das Begreifen und Sortieren der Umwelt. Die Entwicklung der Technologie und der Medien bedroht diese elementaren Erfahrungen des Kindes: Mit dem Auto durch die Stadt, die Türen des Kaufhauses werden wie von Geisterhand geöffnet, Fernsehkinder spielen stellvertretend für den kleinen Zuschauer. Die Welt entzieht sich der Berührung und der eigenen Erfahrung. Stattdessen droht der Sehsinn, dem konkreten Anfassen den Rang abzulaufen. Er droht damit, die Entwicklung von Gefühl im Sinne von Fühlen und Beziehung zu behindern. Schlagen Sie dem Sehsinn ein Schnippchen, indem Sie Ihr Kind Dinge erfühlen, unterscheiden und benennen lassen, die es nicht sieht.

Sammeln Sie mit Ihrem Kind alle möglichen Dinge des alltäglichen Gebrauchs. Das können auch kleine Schätze des Kindes sein, die normalerweise die Hosentaschen füllen:
Muscheln, Tannenzapfen, Murmeln, Kronkorken, kleine Plüschtiere, Topfschwämme, Flummies, Wachskugeln ...
Nachdem Sie Ihrem Kind alle Sachen vorgestellt haben, stecken Sie sie in ein Säckchen oder einen Kissenbezug.
Nun darf Ihr Kind einen Gegenstand in dem Säckchen ergreifen. Hineinsehen oder herausnehmen darf es die Sache nicht. Es soll beschreiben, wie sich der Gegenstand anfühlt und erraten, was es ist.

Eine Taststraße

Können Füße auch das, was unsere Hände können? In Socken und Schuhen verpackt, ist die Sensibilität der Fußsohlen unterfordert. Dagegen können Sie etwas tun. Eine Taststraße für die Füße kann sich durch den Raum schlängeln: Verschiedene Teppichböden, Kronkorken, Kieselsteine, Wärmflaschen, eingeweichte Algen (aus dem Reformhaus), Vogelsand, Torf, Gummiringe, leicht aufgeblasene Luftballons, Knöpfe, Wasserschalen, Kastanien, trockene und feuchte Blätter, Murmelsteine, feines und grobes Sandpapier können der Untergrund sein. Mit verbundenen Augen, an der Hand oder einem Seil geführt, wird diese Straße zu einem echten Abenteuer für Ihr Kind.

Sie sollten nach den Sinnesübungen immer auch mit Ihrem Kind sprechen. Nur so hat es die Möglichkeit, über seine Gefühle sprechen zu lernen:
Was hast du auf der Taststraße erlebt?
Was hat dir ein schönes Gefühl bereitet?
Was war für dich unangenehm?
Wo hast du dich sicher, wo hast du dich unsicher gefühlt?
Welche Dinge hast du woran erkannt und welche schienen dir ganz unbekannt zu sein?

59

Geschmack: Ein Stück Individualität und Identität

Von Geburt an wird die Welt vom Kind erschmeckt. Für den Säugling sind Nahrungsaufnahme und der lustvolle Mundkontakt mit der Mutterbrust noch ganz eins. Viele Eltern werden sich an die für sie anstrengende Zeit erinnern, als das Kind dann mit etwa fünf Monaten alle verfügbaren Gegenstände in den Mund gesteckt und die Welt sozusagen auf ihre Beschaffenheit hin „durchgekaut" hat. Oder daran, als der von uns liebevoll gekochte Brei unversehens auf unserer Bluse landete und das Kind uns unmißverständlich mitteilte: „Das schmeckt mir nicht!" Geschmäcker sind verschieden. Das bedeutet, daß sich mit dem Geschmack ein Stück Individualität und Identität herausbildet. Darin sollten wir unsere Kinder bestärken: „So bist du ..., und ich bin anders."

Die rund 3000 Geschmacksknospen, mit denen wir die unterschiedlichen Geschmacksreize wahrnehmen und unterscheiden können, warten beim Kind darauf, entdeckt zu werden. Schmecken kann so genüßlich sein!

So machen beispielsweise Schmeckversuche – vielleicht auch mal mit verbundenen Augen und verschiedenen Speisen – den meisten Kindern viel Spaß.

Dabei verspricht das Füttern und Gefüttertwerden ein ganz besonderes Gefühl von Vertrauen und Nähe zu einem anderen Menschen: Ein fütterndes Kind erfährt, wie es ist, Verantwortung für jemanden zu haben. Das gefütterte Kind braucht und entwickelt Vertrauen in sein Gegenüber. Auch ältere Kinder haben Spaß daran.

Die Fütterung der Raubtiere

Richten Sie gemeinsam kleine Stückchen von Möhren, Äpfeln, Bananen, Brot, Schokolade, Grapefruit, Zitrone ... her. Danach schließt Ihr Kind die Augen. Nun schieben Sie Ihm etwas Eßbares in den Mund. Fragen Sie Ihr Kind:
Wie schmeckt das?
Schmeckt dir das?
Was ist es?

In einem zweiten Schritt können Sie mit Ihrem Kind über Lieblingsspeisen und „Ekelspeisen" ins Gespräch kommen.

Dabei macht Ihr Kind die Erfahrung, wie unterschiedlich und wie ähnlich Geschmäcker sein können. Auf diese Weise wird es in seiner Eigenart bestärkt.

Geschmacksmemory

Gleich große Gläser werden mit Wasser gefüllt. Jeweils zwei erhalten denselben, möglichst farbneutralen Zusatz wie Zucker, Salz, Zitronensaft, Brausepulver, Mineralwasser, ... Zwei Gläser bleiben ohne Zusatz. Das Kind und Sie haben nun die Aufgabe, die jeweils gleich schmeckenden Flüssigkeiten herauszufinden. Einer beginnt und darf alle Gläser in kleinen Schlucken durchprobieren. Bitten Sie das Kind, den jeweiligen Geschmack zu beschreiben:

Wie schmeckt das für dich? Süß, sauer, bitter oder salzig?

Was schmeckt dir gut, was schmeckt dir nicht?

Wenn Ihr Kind die Paare gefunden hat, sind Sie an der Reihe. Die Gläser werden neu verteilt.

Bei diesem Spiel sollte es keinen Gewinner oder Verlierer geben. Wichtig ist die Erfahrung der Geschmacksunterschiede und -ähnlichkeiten. Dazu gehört auch die Herausbildung des eigenen Geschmacks – und nicht zuletzt der Spaß am Spiel.

Sinnesschmaus

Der Geschmackssinn ist nicht gern allein. Er hat einige enge Freunde. Sie heißen Auge, Nase und Ohr. Letztlich brauchen sie alle zu ihrer Entfaltung eine ruhige und gelassene Atmosphäre. Laden Sie diese Freunde ein, und gönnen Sie sich mit Ihrem Kind einen wahren Sinnesschmaus.

Ein festlich gedeckter Tisch mit Kerzenschein und klassischer Musik im Hintergrund, mit weißer Tischdecke, Stoffservietten und Blumensträußchen und den liebsten Lieblingsspeisen, die vor der Nase dampfen, ist für alle Kinder und Erwachsenen ein außerordentlich sinnliches, gemeinschaftsstiftendes und beglückendes Erlebnis.

Bereiten Sie diesen Höhepunkt gemeinsam mit dem Kind vor. Fragen Sie Ihr Kind:

Was ist deine Lieblingsspeise?
Was brauchen wir dafür?
Wie sollten wir die Speisen kochen?
Welche Aufgaben willst du übernehmen?
Wie sollen wir den Tisch decken?
Welche Musik paßt zum Essen?

Tips

○ Zwingen Sie Ihr Kind nicht, etwas zu essen oder zu trinken, was es nicht mag. Alles was es aufgedrängt bekommt, wird es später nicht mögen. Zudem verunsichert ein solches Verhalten das Kind in seinen Wahrnehmungen.

○ Gestalten Sie die Atmosphäre bei Tisch immer so, daß Ihr Kind das Essen intensiv erleben und genießen kann. Vermeiden Sie möglichst den schnellen Happen zwischen Tür und Angel, sondern nehmen Sie sich die Zeit, gemeinsam mit Ihrem Kind in aller Ruhe zu essen und auch über das Essen zu reden.

Wie das riecht!

Kinder stecken ihre Nase fast „überall rein". Neugierig entdecken und „erschnüffeln" sie sich ihre Umgebung. Im Unterschied zu uns Erwachsenen, wo der Fernsinn „Sehen" weitgehend die anderen Sinneswahrnehmungen überdeckt, sind sie noch sehr empfänglich für Gerüche. Der Geruch von Dingen und Menschen hat etwa die Funktion eines „Frühwarnsystems" in bezug auf Nähe und Distanz : „Das riecht gut" heißt, da kann ich mich gefahrlos hinbegeben. Das will ich essen, da könnte ich mich hineinlegen, das mag ich, das oder den habe ich gern. „Mir stinkt's", signalisiert mir, „schnell weg",

da wende ich mich ab, damit will ich nichts zu tun haben.

Wir alle kennen die Redensart: „Ich kann den nicht riechen". Oder Altberliner sagen beispielsweise: „Das ist dufte!", wenn ihnen etwas besonders gut gefällt. Riechspiele können helfen, dieses „Frühwarnsystem" bei Kindern zu sensibilisieren und zu unterstützen. Sie ermöglichen ihnen, Vielfalt und Gefahren wahrzunehmen und sich selbst darin zu verorten, das heißt sicherer zu werden in der Frage: Wieviel Nähe will ich und wieviel Abstand brauche ich, damit es mir gutgeht und ich mich sicher fühle?

Tips

○ Lassen Sie Ihr Kind beim Kochen an verschiedenen Gewürzen riechen. Welche erkennt es wieder? Welche mag es? Kann es die Gerüche auch beschreiben?

○ Eine Drogerie oder Parfümerie ist ein Erlebnis für jede Nase. Hier kann Ihr Kind auch einmal nach Herzenslust an den Fläschchen schnuppern. Welche Gerüche mag es, welche nicht?

○ Auch Straßen, Parks und Wälder oder Häuser und Wohnungen haben ganz verschiedene Gerüche. Machen Sie Ihr Kind immer wieder auf diese Geruchserlebnisse aufmerksam, und regen Sie es zum Schnuppern an.

Ich bin eine Zitrone

Sie benötigen zu diesem Spiel Essenzen, Früchte und Gewürze, die deutlich unterschiedlich riechen: Parfüm, Zitronensaft, Olivenöl, Rosenöl, Lavendel, Nelke ... Die Kinder und Sie sitzen auf dem Boden. Jedes Kind wählt sich einen Duftstoff und trägt ihn auf dem Hals oder auf der Hand auf. Die Spieler bezeichnen sich nun selbst nach dem Duft: „Ich bin eine Zitrone." Ein Spieler geht in die Mitte und läßt sich die Augen verbinden. Die anderen tauschen die Plätze. Das Kind mit den verbundenen Augen versucht zu erschnüffeln, wen es vor sich hat. Hat es richtig gerochen, geht das „errochene" Kind in die Mitte ...
Als Paarspiel abgewandelt, lassen sich auch unterschiedliche Körperteile mit unterschiedlichen Düften einreiben, die dann abwechselnd errochen werden.

Wir sind kleine Hunde

Die Spieler verwandeln sich in Hunde, tollen im Raum herum und beschnüffeln sich gegenseitig. Riechen alle gleich? Wen kann ich besonders gut riechen? Oder ein mit Parfüm oder einer Duftessenz getränkter Wattebausch wird im Raum versteckt. Das ist der Knochen, den die kleinen Hunde mit der Nase suchen.

Riechmemory

Füllen Sie in jeweils zwei Filmdosen gleiche Gerüche. Flüssige Stoffe werden auf ein Wattebäuschchen gegeben. Das dürfen auch für Ihr Kind eher unangenehme Gerüche sein wie Senf, Essig, Meerrettich oder Bier.
Das Kind hat die Aufgabe, die Filmdosen mit gleichen Gerüchen mit der Nase herauszufinden. Ein Gespräch darüber, was Ihr Kind gerne riecht und was nicht, kann sich anschließen.

Die Welt ist Duft

Wie gefällt Ihnen die Idee, mit Ihrem Kind einen Riechspaziergang durch die Wohnung zu unternehmen – durch das Spielzimmer, durch Kuschel- und Bauecke, Wohnzimmer, Schlafzimmer, Bad und Küche.
Riecht es überall gleich? Wo riecht es gut, und welche Gerüche sind unangenehm? Oder: Wie riechen die Menschen? Meine Mutter, mein Vater, meine Geschwister, meine Freundin? Wen kann ich gut riechen und wen nicht?
Sie können die Riechreise auch auf die Umgebung ausdehnen: Wie riecht ein Auto, ein Haus und wie eine Wiese, ein Baum? Wo riecht es gut, wo nicht? Wo will ich verweilen, wo treibt es mich fort?

Den Blick schärfen für das Wesentliche

Wir sehen so viel und sind oft so blind. Die Überflutung mit optischen Reizen macht es uns und den Kindern zunehmend schwerer, uns zu dem Gesehenen in Beziehung zu setzen. „Das Auge schläft, bis

der Verstand es mit einer Frage weckt", meint der italienische Pädagoge Loris Malaguzzi. Das Kind ist in seiner Gesamtentwicklung auf Reize seiner Umgebung angewiesen – und die gestalten wir mit. Auch das Sehen will gelernt sein. Denn Sehen bedeutet noch nicht Verstehen. Erst im bewußten Sehen lernt das Kind, seine Augen wirklich aufzumachen, Unterschiede und Ähnlichkeiten, das Bleibende und den Wandel wahrzunehmen.

Wir können dem Kind helfen, sich seine Umwelt und sich selbst auch über den Sehsinn anzueignen. Dabei kann es nützlich sein, einmal einen anderen Blickwinkel einzunehmen. In der Verfremdung wird das Wesen der Dinge mitunter deutlicher.

Tips

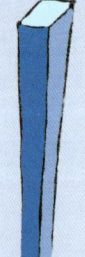

○ Wer sich die Menschen genau ansieht, kann sie anhand ihrer Mimik und ihres Verhaltens besser einschätzen lernen. Beobachten Sie deshalb gemeinsam mit Ihrem Kind bei einem Spaziergang, im Bus oder beim Einkaufen die Leute um Sie herum. Was für einen Gesichtsausdruck haben sie? Welchen Eindruck vermitteln sie? Oder Sie lassen Ihr Kind zuhause das Photoalbum durchblättern, damit es sich die abgebildeten Menchen, ihre Mimik und Haltung eingehend anschauen kann.

○ Schauen Sie mit Ihrem Kind Bilderbücher an, und lassen Sie es dabei bestimmte Sachen suchen. Machen Sie Ihr Kind auch auf Details aufmerksam, um so den Blick für seine Umgebung zu schärfen.

○ Lassen Sie Ihr Kind bei jeder Gelegenheit Farben und Formen benennen. Welche Farben haben die Autos, welche die Kleidung, der Baum, das Spielzeug ...?

○ Wenn Ihr Kind mag, kann es die Einkaufstasche ausräumen und alle gleichförmigen Gegenstände nebeneinander stellen.

○ Gehen Sie mit Ihrem Kind auf Entdeckungsreise in den Park. Dort gibt es viele Dinge zu sehen. Wie viele Enten schwimmen auf dem Teich? Wie viele Seerosen gibt es? Sehen sie alle gleich aus? Was ist noch zu sehen?

Durch eine andere Brille sehen

Wir können Kindern helfen, ihre Umgebung so vorzubereiten, daß das Auge „etwas zu tun bekommt". Lassen Sie Ihr Kind seine Welt neu entdecken. Kinder haben großen Spaß daran, Dinge herzustellen, die die Welt in einem anderen Licht oder in einer anderen Perspektive erscheinen lassen. Ein Haus, das – durch ein „Himmelsrohr" betrachtet – plötzlich blau ist, macht das Auge neugierig. Eine Zimmerwand wird durch eine gelbe Folie am Fenster gelb.

- **Kaleidoskop:** Drei gleich große Spiegelstreifen werden an den Längsseiten aneinandergeklebt, die Spiegelseiten nach innen: Ein Ausschnitt der Wirklichkeit wird mehrfach wiedergegeben und so dem gewohnten Blick entfremdet.
- **Himmelsrohre:** Die Öffnung einer Toilettenpapierrolle wird mit farbiger Folie beklebt und läßt die Welt in einem anderen Licht erscheinen.
- **Farbige Folien** an den Fenstern verzaubern bei Sonnenlicht die gewohnte Umgebung. Wenn Sie übereinanderfallen, entstehen aufregende Farbmischungen.
- **„Fischaugen"** am Fenster ermöglichen durch Verkleinerung einen weiteren Blick.
- **Lupen, Fernrohre und Kosmetikspiegel** vergrößern die Welt, rücken sie heran. Verkleinerungsgläser, umgedrehte Fernrohre schieben sie fort.

- **Eine Glaskugel** stellt die Welt auf den Kopf.
- **Eine Glitzerkugel** an der Decke verzaubert den Raum mit tanzenden Lichtpunkten.
- Spiegelfolien zum Einfangen von Sonne und Licht geben leicht verfremdete **Spiegelbilder** wieder, wenn sie auf gewölbten Untergrund geklebt werden.
- **Ein Spiegelzelt** aus drei gleich großen Hartfaserplatten, innen beklebt mit Spiegelfolie, verbunden mit zwei Klavierschienen und einer Metallschiene (60-Grad-Winkel), ermöglicht den meditativen Blick nach außen und innen.

Wer bin ich? Und wer bist du?

Die Kinder zeichnen das Gesicht eines anderen Kindes. Dabei lernen sie ein neues, spannendes Zeichenmaterial kennen: die transparente Overhead-Folie.
Kleben Sie die Folie an einen Fensterflügel, der sich nach innen öffnet oder an eine Glastür, so daß auf jeder Seite ein Kind stehen kann. Und nun zeichnet zuerst ein Kind, was es im Gesicht des anderen entdeckt – und dann umgekehrt.
Die Auseinandersetzung mit dem Gesicht ist sehr intensiv. Die Kinder beobachten genau, sie lernen den anderen zu sehen. Die Gesichter sind sich sehr nahe und doch durch Glas getrennt. Wenn die Konturen nachgezeichnet werden, entsteht eine fast zärtliche Beziehung zwischen den Kindern. Zum Schluß wird das Ergebnis mit der Realität verglichen – und das reizt dann auch schon mal zum Lachen.

Sensibel auch für Zwischentöne?

Wir sind von einer ständigen Geräuschkulisse umgeben. Oft sind es die leisen Töne, die von den lärmenden überdeckt werden. Orte, in denen die Stille „gehört" werden kann, sind selten geworden. Das Laute und das Leise gehören zum Leben und wollen wahrgenommen werden. „Ich bin ganz Ohr!" heißt: „Ich bin auf Empfang gestellt. Ich öffne mich für dich. Ich schenke dir meine ganze Aufmerksamkeit." Die fein geschwungene Ohrmuschel kann Liebesgeflüster und lautes

Gebrüll einfangen – und auch die Zwischentöne: „Der Ton macht die Musik". Das Ohr ermöglicht Kommunikation und stellt Beziehung her. Wir können die Kinder darin unterstützen, hinzuhören, wahrzunehmen, was wirklich ist, die Ohren zu spitzen für die Botschaften, die die Welt ihnen sendet, um sich in ihr orientieren zu können. Das Kind soll nicht hören lernen, um in jedem Fall zu gehorchen, sondern um zu verstehen – und um auch mal sagen zu können: „Das will ich nicht mehr hören!" Es soll auf die Stimmen und auf die Zwischentöne achten: Stimmen die Worte, das Verhalten, die Blicke und der Ausdruck der Stimmung mit dem Gesprochenen überein?

Tips

○ Kinder mögen Musik. Es gibt eine Vielzahl von leicht eingängigen Melodien, die verschiedene Stimmungen ausdrücken. Schenken Sie Ihrem Kind einen eigenen Kassettenrecorder, mit dem es jederzeit seine eigenen Melodien passend zu seiner jeweiligen Stimmung hören kann. Sprechen Sie mit Ihrem Kind über seine Musikauswahl. Warum hat es sich gerade diese Melodie ausgesucht?

○ Lesen Sie Bücher und Geschichten laut vor. Versuchen Sie dabei, der jeweiligen Situation auch eine passende Tonlage zu unterlegen. Wenn Rumpelstilzchen schimpft, sollten Sie auch laut lesen. Wenn Hänsel und Gretel flüstern, weil sie sich fürchten, sollten Sie das ebenfalls tun.

Stimmen und Stimmungen

Aufeinander hören, auf Zwischentöne achten, auf seine Mitmenschen reagieren – das sind Erfahrungen, die ein Kind gar nicht früh genug lernen kann. Üben Sie mit Ihrem Kind eine „Geheimsprache", die etwa so funktioniert: „Wenn ich laut spreche, sprichst du auch laut. Wenn ich flüstere, flüsterst du auch. Wenn ich ganz hoch spreche, machst du das genauso." Auf diese spielerische Weise lernt das Kind, sich in den anderen einzufühlen und die unterschiedlichen Stimmlagen, die auch unterschiedliche Stimmungen ausdrücken, zu unterscheiden.

Ich fühle dich durchs Telefon

Kinder können auch durch eine gespielte Unterhaltung am Telefon für Stimmungen sensibilisiert werden. Auf diese Weise lernt das Kind spielerisch, Stimmungen anderer einzuschätzen und sich selber zu artikulieren.

Klingeln Sie mit einem Kindertelefon oder einem ausrangierten Apparat bei Ihrem Kind an. Dabei können Sie einander nicht sehen. „Hallo, wie geht es dir?" Das Kind antwortet auf Ihre Frage, und Sie gehen auf seine Stimmung ein: „Du hörst Dich sehr fröhlich/traurig/müde ... an. Was ist denn los?" Führen Sie das Gespräch mit Fragen weiter, auf die das Kind seine Stimmung ausführlich beschreiben kann. Anschließend ruft das Kind Sie zurück und fragt nach Ihrer Stimmung. Übertreiben Sie dabei ruhig, antworten Sie leise und zaghaft, extrem fröhlich und auch laut und aufbrausend.

Stimmungsaufnahme

Mit einem Mikrofon und einem Aufnahmegerät ausgerüstet, können Sie Kinder zu verschiedenen Stimmungen interviewen: Wie hört es sich an, wenn du fröhlich bist? Wie klingst du, wenn du traurig, wütend oder unsicher bist? Lassen Sie den Kindern genügend Zeit, sich Beispiele auszudenken. Anschließend hören Sie sich die Aufnahme gemeinsam an. Welche Aussage war lustig, welche traurig gestimmt? Woran sind die einzelnen Stimmungen zu erkennen?

Ich höre die Stecknadel fallen

Kann man sie wirklich fallen hören? Wir probieren das aus. Sie sitzen auf dem Boden oder an einem Tisch, schließen die Augen und spitzen die Ohren. Nun lassen Sie eine Stecknadel fallen: War sie zu hören?

Wie klingen andere Dinge, wenn man sie fallen läßt? Eine Feder, ein Wattebausch, ein Ring, ein Ball, ein Blatt Papier, ein Topfdeckel, eine Gabel, ein Schuh ...? Was will Ihr Kind noch hören?

Spitze Ohren

Ihr Kind sitzt oder liegt entspannt im Raum und schließt die Augen.

Fragen Sie es: Was hörst du hier drinnen? (zum Beispiel Husten, Atmen, Kichern ...) Was hörst du von draußen? (zum Beispiel Autos, Stimmen, Musik, Schritte, ein Flugzeug ...)

Stille Post mit heimlichen Wörtern

„Stille Post" ist ein beliebtes Kinderspiel, das ich nicht erklären muß. Mit dieser Variante ermöglichen wir den Kindern, auch heimliche und „verbotene" Worte für Geschlechtsteile und Ausscheidungsvorgänge zu äußern. Es gibt uns Gelegenheit, „Sprachregelungen" mit den Kindern zu treffen und die Bedeutung von heimlich benutzten, aber oft unverstandenen Wörtern aufzuklären. Darüber spricht man nicht? Wir schon – und heute mal ganz leise.

Schöne und blöde Gefühle –
Wie Kinder begreifen, daß ihre Gefühle wichtig sind

Melanie ist wütend – sie stampft mit den Füßen auf den Boden. Klaus ist traurig – er sitzt ganz still in der Ecke und scheint in ein tiefes Loch zu schauen. Patti ist beleidigt – sie dreht uns den Rücken zu und spricht nicht mehr mit uns. Henrik hat Angst – er verhaut alle Kinder, die kleiner sind als er. Anne ist verwirrt – sie hat „keine Lust zu gar nichts" mehr. Jonas ist verliebt – er strahlt.

Gefühle respektieren und fördern

Kinder sind noch ganz Gefühl. Oftmals kann man ihnen ihren inneren Zustand tatsächlich „an der Nasenspitze" ablesen. Und dann auch wieder nicht, denn sie lernen früh eine wichtige Lektion: Nicht alle Gefühle sind erwünscht oder werden von den Erwachsenen wahr- und ernst-genommen.

Darf ich fühlen, was ich fühle, und darf ich es auch zeigen? – Auch, wenn die Sportschau gerade im Fernseher läuft? Oder wenn mir die Dunkelheit Angst macht, und Mama sagt: „Stell dich nicht so an, was soll denn schon passieren?" Stimmen dann noch meine Gefühle? Manchmal ist uns ein Gefühlsausbruch beim Kind unangenehm, lästig oder er-

scheint uns als unangemessen. Es kommt auch vor, daß wir die Gefühle des Kindes verleugnen, weil wir sie selbst nicht ertragen: Das Kind verletzt sich und weint. Die Mutter sagt: „Das tut doch gar nicht weh." Sie hält selbst den Schmerz nicht aus und bringt das Kind dazu, sein Gefühl vor ihr zurückzunehmen. Leicht kommt dann beim Kind an, daß nicht nur der Ausdruck, sondern das Gefühl selbst „verboten", ja das ganze Kind „falsch" ist. Das kann eine zutiefst verunsichernde

Wirkung haben. Das Kind verlernt, seinen eigenen Gefühlen zu vertrauen. Doch Kinder, die in ihren Gefühlen unsicher sind, verlieren neben ihrer Selbstsicherheit eine wichtige Form des Selbstschutzes. Sie trauen nicht mehr ihrem unguten Gefühl, wenn zum Beispiel ein Erwachsener mit seinen „Zärtlichkeiten" zu weit geht.

Respektieren Sie deshalb die Gefühle Ihres Kindes. Denken Sie daran, die eigenen Gefühle sind immer richtig und wichtig. Bestärken Sie Ihr Kind, sich nichts einreden zu lassen, was ihm widerstrebt.

Geben Sie Ihrem Kind auch Orientierung

Für alle Kinder stellen sich Fragen wie: Darf ich meine Gefühle zeigen? Muß ich immer gutgelaunt sein? Darf ich traurig sein, wenn ich in den Kindergarten muß? Darf ich wütend sein, wenn ich noch nicht ins Bett will? Darf auch ein Junge Angst zeigen? Oder wird sein Problem eher wahrgenommen, wenn er zuschlägt? Darf ein Mädchen wütend sein? Oder wird es eher wahrgenommen, wenn es weint?

Wie oft erleben wir, daß Jungen es buchstäblich verlernt haben, ihre Angst oder Hilflosigkeit auch nur wahrzunehmen, und Mädchen ihre Wut. So bilden die Kinder auch geschlechtsspezifisch „Ersatzgefühle", die ihre echten, aber unerwünschten Gefühle ersetzen sollen: Angst erscheint zum Beispiel als Aggression und Wut als Trauer. Das macht es uns Erwachsenen schließlich schwer, die Kinder zu verstehen, weil sie sich selbst nicht mehr verstehen.

Tip

○ Alle Kinder hören gerne Geschichten, besonders dann, wenn es sich um wahre Ereignisse handelt. Erzählen Sie Ihrem Kind aus Ihrer eigenen Kindheit, und berichten Sie ihm auch von unangenehmen Situationen. Sagen Sie ihm auch, was Sie dabei gefühlt haben.

○ Fragen Sie Ihr Kind, wenn es Ihnen von einem Erlebnis erzählt, was es dabei empfunden hat. Nur so kann es den richtigen Ausdruck finden.

Ermutigen Sie deshalb Ihr Kind, seine Gefühle zu zeigen, ganz gleich, ob diese nun angeblich zu einem „richtigen" Mädchen oder Jungen passen oder nicht.

Gefühle sind Signale

Die Gefühle der Kinder sind Signale – sowohl für sie selbst, damit sie Situationen richtig einschätzen und damit adäquat umgehen können, als auch an uns Erwachsene: Das Gefühl unseres Kindes teilt uns mit, was mit ihm ist und was es möglicherweise von uns braucht.

Über die Kenntnis der Vielfalt eigener Gefühle lernen die Kinder, mit anderen Menschen ein-fühl-sam zu sein und damit letztlich auch beziehungsfähig zu werden – in der Zuwendung und in der Abgrenzung. Den eigenen Gefühlen trauen heißt auch, Zutrauen zu sich selbst zu haben und sich etwas zu trauen, also Selbstbewußtsein zu haben – ein wichtiger Baustein in der präventiven Erziehung.

Spielerisch zur Gefühlssicherheit

Gefühlssicherheit können wir auch spielerisch vermitteln. Im Spiel und im Gespräch lernen Kinder den breiten Fächer der Gefühle kennen. Sie erkennen und erlangen vielfältige Ausdrucksmöglichkeiten, mit denen sie bewußter umgehen. Je mehr sich Kinder die Eigenart und möglichen Hintergründe von Gefühlen verdeutlichen, desto eher können sie auch einen angemessenen Umgang mit ihnen lernen. Bedrohliche, verwirrende, verdrängte Gefühle wirken weniger bedrückend, wenn die Kinder sie mitteilen und sich dabei verstanden fühlen. Nicht zuletzt macht es den Kindern einfach Spaß, mit ihren Gefühlen zu spielen.

Gefühlscollage

Aus einem Packen alter Illustrierten sammeln Sie mit Ihrem Kind Bilder von Menschen, die Gefühle ausdrücken, von lachenden, weinenden oder traurigen Personen. Kleben Sie die Fotos auf Tonpapier auf. Schon ist eine gemeinsame Collage fertig. Die Bilder sind Gesprächsanlaß. Fragen Sie Ihr Kind:
Was denkst du? Warum ist der Mensch wohl traurig?
Dürfen Jungen auch weinen?
Was macht dich traurig?
Was und wer kann dich dann trösten?
Welche Gefühle findest du eher unangenehm und welche sind schöne Gefühle?
Kennst du auch Gefühle, die so zwischendrin sind? So „komische" Gefühle, die einen ganz durcheinander machen?
Unangenehme und komische Gefühle sind wie Alarmlampen: Sie sagen uns, daß etwas nicht in Ordnung ist. Man kann etwas dagegen tun: Wie kann man mit unangenehmen und komischen Gefühlen umgehen?

Gefühlspantomime

Sammeln Sie mit Ihrem Kind alle Gefühle, die Ihnen einfallen. Dann spielen Sie abwechselnd ein Gefühl pantomimisch vor. Der andere muß raten, um welches Gefühl es sich handelt.
Leichter ist das Spiel für Ihr Kind, wenn Sie es mit mehreren Kindern spielen. Dann werden Zweiergruppen gebildet, die gemeinsam etwas vorspielen. Anschließend sollten Sie gemeinsam darüber sprechen, warum welches Gefühl ausgewählt wurde und wie sich die Kinder bei der Gefühlspantomime gefühlt haben.

Gefühlswürfel

Gefühlswürfel oder Mimikwürfel sind Würfel, die auf jeder der sechs Seiten ein Strich-Gesicht mit unterschiedlichen Gefühlsausdrücken zeigen. Es gibt sie in unterschiedlicher Größe.
Die Würfel sind vielseitig einzusetzen: Die Kinder benennen die Gefühle. Sie

erzählen davon, wann sie das erwürfelte Gefühl haben oder hatten. Sie stellen das Gefühl pantomimisch dar oder sie entwickeln daraus eine kleine Theaterszene und und und.

Die Würfel kann man in gut sortierten Spielzeugläden kaufen, oder Sie können sie mit Ihrem Kind auch gemeinsam anfertigen. Besorgen Sie dazu unbeschriftete Rohlinge aus einem Bastelbedarfsladen. Die Würfel darf Ihr Kind anschließend mit ungiftigen Lackstiften bunt anmalen.

Gefühls-Memory

Denselben Zweck wie die Gefühlswürfel kann auch ein Gefühls-Memory erfüllen, das Sie leicht mit Ihrem Kind basteln können. Gleich große, quadratische Kärtchen werden mit unterschiedlichen und jeweils zwei gleichen Gefühlsgesichtern bemalt. Nachdem die Kärtchen verdeckt ausgelegt sind, kann das Spiel beginnen. Wenn die Zwillingskarten gefunden sind, wird über das jeweilige Gefühl gesprochen.

Ein Lied mit viel Gefühl
Nach der Melodie: Von den blauen Bergen kommen wir

Wenn's euch gut geht, ja, dann ruft doch mal Hallo,
wenn's euch gut geht, dann ruft doch mal Hallo.

Ja, du kannst es allen zeigen,
keinen Grund es zu verschweigen,
wenn's dir gut geht, ja, dann ruf doch mal Hallo!

l: Wenn du verliebt bist, ja dann gib doch mal ein Küßchen!:l
l: Wenn du sauer bist, dann ruf doch ruhig mal ÄÄÄH! :l
l: Wenn du wütend bist, dann stampf mal mit dem Fuß! :l
l: Wenn du traurig bist, dann trau dich ruhig zu weinen! :l
l: Wenn's dir gut geht, ja dann ruf doch mal Hallo! :l

Text : Rote Grütze

Die Kinder können die Strophen beim Singen szenisch darstellen: sie rufen „Hallo" und winken, sie können sich ein Küßchen geben, weinen „buuhuhu" ...

Lassen Sie die Kinder noch ein paar Strophen erfinden. Welche Gefühle fallen ihnen noch ein? Wie kann man sie ausdrücken?

Berühre mich – Berühr mich nicht!

Ich bin Hanna. Für meine Freundin heiße ich Hanni, aber das darf nur sie zu mir sagen. Ich will euch mal was erzählen über mich und wie ich mich manchmal in meiner Haut fühle. Ich habe nämlich einen Körper, und ich habe herausgefunden, daß der Berührungen ganz unterschiedlich leiden mag.

Manchmal, wenn mich jemand berührt, finde ich das ganz toll. Mit meiner Freundin Betti zum Beispiel, da haben wir so ein Kitzelspiel erfunden. Ich liege dann auf dem Bauch,

und sie fährt mit einer Vogelfeder oder mit ihrem Finger meinen Rücken hoch und runter. Und ich bei ihr. Da fange ich immer an zu schnurren wie meine Katze Julchen. Und manchmal muß ich ganz laut lachen, wenn es so doll kitzelt. Wir haben so eine Absprache. Wer das Kitzeln nicht mehr schön findet, sagt „Stopp!", und dann hört der andere auf.

Aber wenn mein Opa Fritz kommt, dann will der mich immer so durchkitzeln. Der hört nicht auf, wenn ich „Stopp!" sage. Das mag ich nicht.

Meine Tante Frieda besucht uns immer sonntags. Eigentlich ist die ja ganz nett, wenn sie mich nur nicht immer so mitten ins Gesicht küssen wollte. So einen richtigen feuchten Ekelkuß. Der riecht auch so sauer. Ich mag das nicht.

Bei meiner Mama ist das was anderes. Wenn die mich küßt, dann freue ich mich. Die guckt dann auch immer so süß. Dann sage ich ihr manchmal, wie lieb ich sie habe.

Ich spiele oft mit meiner Katze Julchen. Die ist so weich, und ich streichle sie ganz oft. Manchmal leckt sie mit ihrer rauhen Zunge meine Hand. Das ist irgendwie beides – zart und hart.

Den Hund vom Nachbarn kann ich nicht leiden. Weil der so groß ist, und der sabbert auch aus dem Mund. Einmal saß ich im Sandkasten vor unserem Haus. Da kam er und hat mit seiner Schlabberzunge mein ganzes Gesicht abgeleckt. Das war scheußlich!

Ich kuschel auch gerne mit meinem Papa. Wenn er in seinem Sessel sitzt, dann krabbel ich manchmal auf seinen Schoß. Er hält mich ganz fest in seinen Armen, und ich mache die Augen dabei zu. Das ist so richtig gemütlich.

Bei meinem Klavierlehrer war das ein ganz anderes Gefühl. Der hat mich einfach so genommen und auf seinen Schoß gesetzt. Erst dachte ich, naja, der mag mich vielleicht gut leiden. Aber wie der mich festgehalten hat, da hatte ich doch so ein komisches Gefühl. Irgendwas stimmte hier nicht für mich. Erst wußte ich ja nicht, was ich denken und machen sollte, und dann habe ich gemerkt, daß ich das überhaupt gar nicht will. Ich habe meinen ganzen Mut zusammengenommen und habe laut gesagt: „Nein, nein, das will ich nicht! Faß mich nicht an!" Und das hat tatsächlich geklappt. Er hat mich losgelassen, und ich bin zur Mama gelaufen.

Seitdem mache ich das immer so, bei Tante Frieda und Opa Fritz und dem Nachbarhund. Ich kann gut unterscheiden zwischen guten und blöden Berührungen. Und ich faß auch keinen an, wenn ich das nicht selber will. Dein Körper gehört dir, hat Mama gesagt. Das finde ich klasse, denn ich mag meinen Körper.

Kann dein Körper auch manche Berührungen nicht leiden? Fühlst du dich auch manchmal nicht wohl in deiner Haut?

Ich traue meinen Gefühlen

Was Hanna kann, haben viele Kinder schon verlernt – angenehme von unangenehmen Berührungen zu unterscheiden und ihren Gefühlen spontanen Ausdruck zu verleihen. Viele Erwachsene empfinden es noch immer als persönliche Kränkung, wenn sich ein Kind ihren Berührungen entzieht. Oftmals auch gedankenlos oder aus Bequemlichkeit versuchen wir, den Kindern ihre Körperwahrnehmungen auszureden.

Die Geschichte von Hanna eignet sich gut, mit Kindern über schöne und schlechte Gefühle ins Gespräch zu kommen. In der Kindergruppe läßt sich daraus auch ein kleines pantomimisches Theaterstück entwickeln.

Kinder, die gewohnt sind, daß ihre Grenzziehung nichts gilt und nur immer der Erwachsene weiß, was für sie gut ist, haben wenig Chancen, sich Berührungen zu entziehen, die in mißbräuchlicher Absicht geschehen.

Deshalb sollten wir Kinder in der Gewißheit bestärken, daß sie „Hausherrin" oder „Hausherr" in ihrem Körper sind, daß nur sie wissen, wie sie sich in ihrer Haut fühlen und daß wir das respektieren. Ihr Empfinden ist Maßstab für angenehme und unangenehme Berührungen und solche, die „so dazwischen und irgendwie komisch" sind.

Ich bin nicht allein mit meiner Angst

Michael wirkt mit seinen vier Jahren schon ziemlich robust. Er findet sich schnell in neuen Situationen zurecht und geht offen auf fremde Menschen zu. Nach einem durchspielten Tag fällt er meist todmüde ins Bett und schläft schon vor Ende der Gute-Nacht-Geschichte ein.

Seit einiger Zeit wirkt er irgendwie verändert. Ganz anders als sonst sucht er die Nähe seiner Mutter, mag nicht mehr wie sonst allein auf dem Spielplatz vor dem Hause sein, und das Einschlafen fällt ihm schwer.

Die eine Geschichte reicht nun nicht mehr. Ängstlich fragt er, welches Geräusch er gerade gehört hat. Das Fenster muß geschlossen werden und die Tür geöffnet bleiben. Auch ohne Licht will er nicht mehr schlafen. Gestern bestand er darauf, mit seinem Vater vor dem Einschlafen den Schrank nach versteckten Tieren zu durchsuchen.

Fast sind Michaels Eltern schon geneigt, seine Signale als „Mätzchen" und Tricks abzutun, um das Einschlafen hinauszuzögern.

Michael macht keine „Mätzchen". Er hat Angst. Wovor, das wissen wir nicht. Die Suche nach dem Grund ist auch erst der zweite Schritt. Der erste – und der könnte Michael vielleicht schon Trost genug sein – ist, die Angst des Kindes überhaupt wahrzunehmen und damit auch ernstzunehmen. Ein Kind, das sich in seiner Angst angenommen fühlt, kann von einem Teil der Bedrohung ablassen: von dem Gefühl, mit seiner Angst allein zu sein. Im Arm meiner Eltern, die zuhören, mir glauben und mit mir nach Auswegen suchen, sieht die Welt schon wieder ganz anders aus.

Ich bin da, wenn du mich brauchst

Angst ist ein Lebensgefühl, das wir alle kennen – und eines der schlimmsten. Manchmal schützt sie vor unüberlegten Schritten, manchmal setzt sie Kräfte frei, nach Auswegen zu suchen. Dann wiederum kann sie bedrohliche Macht über uns gewinnen, wenn wir keinen Ausweg sehen.

Kinder haben viel Angst. In ihrer Abhängigkeit sind sie uns Erwachsenen zunächst ganz und gar ausgeliefert. Entsprechend ist die größte Angst des Kindes die, von den Eltern verlassen zu werden. Allein zu sein in einer chaotischen, undurchsichtigen Welt oder die Liebe der Eltern zu verlieren – das ist wohl die dramatischste Phantasie, die ein Kind haben kann. Die Angst mag mehr oder weniger unterschwellig bleiben, solange das Kind bei uns ist. Um sich dennoch geborgen zu fühlen, braucht das Kind die Erfahrung des Vertrauens, das die Angst aufwiegen kann. Es braucht die ständig und immer wieder neu herzu-

stellende Gewißheit von den Eltern:
„Ich lasse dich nicht allein.
Ich bin da, wenn du mich brauchst.
Ich suche dich, wenn du verloren gehst.
Ich hab' dich lieb, auch wenn wir uns mal
streiten."

Worte finden gegen die Angst

Vieles kann Kindern Angst machen, und
alles sind gute Gründe: ein Fernsehfilm,
ein Schatten an der Wand, ein Streit der
Eltern, Krieg und Hunger in der Welt,
konkrete Erlebnisse von seelischer und
körperlicher Bedrohung durch andere
Kinder, Erfahrungen von Mißhandlung
und sexuellem Mißbrauch.
Nehmen Sie die Angst Ihres Kindes ernst
und reden Sie mit ihm darüber. Versuchen
Sie nicht mit Worten wie „Das ist doch gar
nicht so schlimm" oder „Davor brauchst
du doch keine Angst zu haben", die
Gefühle des Kindes zu verdrängen. Erziehung gegen die Angst heißt nicht, die
Angst zu verleugnen, „wegzumachen",
sondern sie durch Vertrauen
aufzuwiegen. Das hilft, mit ihr
fertig zu werden und mit ihr
leben zu lernen.
Weil Angst eher sprachlos
macht, braucht die Überwin-
dung der Angst das Gespräch.
Im Gespräch über seine Gefühle, auch die bedrohlichen,
macht das Kind die Erfahrung,
daß Angst ein erlaubtes und
normales Gefühl ist, das es
nicht verbergen muß. Manchmal kann es schon von dem
Gefühl lassen, wenn es sich
darin ernstgenommen fühlt,

frei nach dem Motto: Angst benannt,
Angst gebannt. Es kann sehr wichtig sein
zu hören, daß andere Kinder und Erwachsene auch Angst haben. Denn gegen die
Angst hilft die schützende Gemeinschaft.
**Erst wenn die Angst Thema sein darf,
wird das Kind frei, mit uns gemeinsam
nach Lösungswegen zu suchen.**
Beim sexuellen Mißbrauch kommen Kinder in emotionale Not, die oft mit einer
großen Gefühlsverwirrung verbunden ist.
Sie ist unterlegt von einer unverstandenen
Angst. Falls Kinder derartige Erfahrungen
erlitten haben, kann unsere vertrauensvolle Nähe durch Zuhören und Gesprächs-
angebote ihnen helfen, ihre Gefühle wieder zu sortieren und Formen zu finden, sie
uns auch mitzuteilen.
**Die Angst des Kindes ist ein Signal von
Hilflosigkeit, das wir in jedem Fall ernst
nehmen müssen. Es braucht unsere Hilfe.
Nur durch unser Vertrauen in das Kind
ist es in der Lage, sich auch seinerseits
vertrauensvoll an uns zu wenden.**

75

Gegen die Angst hilft Vertrauen

Wenn wir unserem Kind etwas zutrauen, gewinnt es Vertrauen in sich selbst und in unsere Bereitschaft, ihm bei seinen Problemen Hilfestellung zu geben.
Vertrauen Sie Ihrem Kind, daß es grundsätzlich etwas Positives leisten will. Stärken Sie sein Selbstwertgefühl, indem Sie ihm etwas zutrauen, das heißt aber auch, dem Kind nicht alles abzunehmen und ihm haltgebende Grenzen zu setzen. Vertrauen Sie darauf, daß das Kind seinen Weg und sein Tempo findet, seine Alltagsprobleme zu lösen. Aber seien Sie da, wenn es nach Ihrer Hilfe fragt.

Vertrauen schafft Selbstwertgefühl

Vertrauen in sich selbst ermöglicht Ihrem Kind, ein stabiles Selbstwertgefühl zu entwickeln. Dabei darf es auch Fehler machen. Was bedeutet schon der zerbrochene Teller im Verhältnis zum Stolz des Kindes, den Tisch allein gedeckt zu haben. Kinder wollen mithelfen und wollen beteiligt werden. Und es gibt immer wieder Entscheidungen in der Familie, wo es ein Recht auf seine Meinung hat. Diese muß auch einbezogen werden. Statt „Das kannst du noch nicht", besser: „Wie würdest du es machen?" Kinder wollen ihre Welt selbst entdecken. Wir sollten ihnen Vertrauen schenken und sie dabei unterstützen, ihren Weg zu finden. Das läßt sie auch in schwierigen Situationen eher handlungsfähig bleiben. „Hilf mir, es selbst zu tun!" lautet der Kernsatz der berühmten Ärztin und Pädagogin Maria Montessori. Zu starke Einengung durch unbegründete Verbote macht wiederum Angst und lähmt eigene kreative Problemlösungen in echten Gefahrensituationen. Mit einer klaren Anleitung, die sich am jeweiligen Entwicklungsstand orientiert, können Kinder experimentieren und im geschützten Raum Strategien zur Problemlösung entwickeln.
Gehen wir mit den Kindern statt dessen auf Entdeckungsreise und helfen ihnen, mit Gefahren selbst umgehen zu lernen.

Gemeinsam nach Wegen suchen

Bieten Sie dem Kind Hilfen in Problem-
situationen an. Verunsichern Sie es nicht
mit unsinnigen Forderungen. Ein Kind,
das in der Einschlafsituation Ängste entwickelt, fühlt sich durch die Forderung
„In fünf Minuten schläfst du gefälligst!"
nicht nur weiterhin ängstlich, sondern
darüber hinaus noch allein gelassen. Das
ist eine schwere Hypothek für das Vertrauen in der Eltern-Kind-Beziehung.
Im Gespräch mit dem Kind sollten Sie gemeinsam nach Wegen suchen, die aus der
Angst herausführen können: ein kleines
Licht, das brennen darf, sich vergewissern, daß unter dem Bett kein Krokodil
liegt, in Abständen noch einmal zeigen,
daß man noch da ist. Ihr Kind wird wissen, was ihm hilft und dankbar sein für
die Brücke mit Namen Vertrauen, über
die es sich aus seiner Angst befreien kann.

Tip

Stellen Sie Ihrem Kind eine Kiste zur
Verfügung, in der es Kleider in ver-
schiedenen Farben findet. Vor allem
dunkle und helle Farben sollten deut-
lich zu unterscheiden sein. Je nach
Stimmung kann sich Ihr Kind seine
Kleidung aussuchen und anziehen.
Fragen Sie es, warum es sich spezielle
Kleidungsstücke ausgesucht hat. Wenn
es mag, wird es darüber reden.

Spiele für das Vertrauen und gegen die Angst

Auch mit spielerischen Angeboten, können wir dem Kind Mut machen, seine
Gefühle und seine Angst zu erkennen, zu
benennen und damit immer auch ein
kleines Stück zu bewältigen.
Vielleicht findet sich das Kind in diesem
Gedicht wieder. Es kann Anlaß sein, von
eigenen Ängsten zu sprechen.

Was uns Angst macht

Wenn es auf dem Boden knistert und knarrt,
wenn es leise hinter der Holzbeige scharrt,
wenn der Himmel schwarz und dunkel ist,
wenn es donnert und blitzt,
wenn ein Stier entgegenrennt,
wenn es hagelt und brennt,
wenn der Sturm an den Läden rüttelt
und die Kronen der Bäume schüttelt.

Wenn wir durch einen Wald spazieren
und plötzlich die Richtung verlieren,
wenn hinter den Büschen Gespenster lauern
und hinter den Steinen Gestalten kauern,
wenn sich die Riesen im Traum verstecken
und uns mitten in der Nacht wecken,
wenn uns die Mutter in den Keller schickt,
wenn vor uns ein Mäuslein erschrickt.

Max Bolliger

Alles, was mir Angst macht

Gerade kleinere Kinder können sich bes-
ser bildlich als sprachlich ausdrücken.
Deshalb finden sie möglicherweise eher
Zugang zu ihrem Gefühl, wenn sie es
malen dürfen unter der Überschrift:
Alles, was mir Angst macht.
Sprechen Sie mit dem Kind über sein
Bild, und lassen Sie sich von seinen
Phantasien und Erlebnissen erzählen.
Unterstützen und ermutigen Sie dabei
immer auch das Kind, nach Wegen aus
der Angst zu suchen: Was hilft gegen
die Angst? Die Antwort gibt möglicher-
weise ein zweites Bild.

Ein selbstgebasteltes Würfelspiel

Ein selbstgebasteltes Würfelspiel hat den
Vorteil, daß die bedrohlichen Gefühle
eher beiläufig zum Thema werden können, da auch die schönen Gefühle ihren
Platz darin haben.

Sie brauchen: einen farbigen Fotokarton,
Spielfiguren, Filzstifte in Schwarz, Grün
und Rot, einen Zahlenwürfel und rote und
grüne Zettelchen in Spielkartengröße.
Der Fotokarton wird zur Spielfläche.
Zeichnen Sie mit dem schwarzen Stift
einen Spielverlauf von Start bis Ziel in
beliebiger Form, zum Beispiel eine Spirale
oder einen verschlungenen Pfad. Dieser
Weg ist unterbrochen von kleinen runden
Feldern, wie Sie es zum Beispiel vom
Spiel „Mensch-ärgere-Dich-nicht" kennen. Füllen Sie in zufälliger Abfolge einige der Felder mit grüner, andere mit roter
Farbe aus. Diese werden die Ereignisfel-
der: Grün für alles, das Mut und Freude
macht. Rot für alles, was Angst und
Kummer bereitet. Zeichnen Sie in die
grünen Felder Lachgesichter, in die roten
Kummergesichter ein. Beschriften Sie nun
die Zettelchen mit Aufgaben für die kleinen und großen Spieler. Ihrem Einfalls-
reichtum und dem der Kinder sind keine
Grenzen gesetzt. Stimmen Sie die Aufgaben auf das Alter und den Erlebnisradius
der Kinder ab. Hier einige Beispiele:
Grün: Du hast Geburtstag. Jeder Mitspieler wird dir pantomimisch ein
Geschenk überreichen.
Du hast eine Traumreise gewonnen.
Erzähle uns, wohin du fährst, wen du

mitnimmst und wie es dort sein wird.
Es ist die Stunde der Wahrheit gekommen: Bitte die Mitspieler, dir zu sagen,
was sie an dir besonders mögen.
Rot: Erzähle von einem Erlebnis, bei dem
du große Angst hattest. Wenn dir nichts
einfällt, gib die Frage an einen Mitspieler
weiter.
Erzähle uns von einem Erlebnis, wo
jemand so richtig blöd zu dir war.
Hattest du schon mal einen schlimmen
Traum? Wenn ja, erzähle uns davon.
Wenn du dich nicht erinnern kannst, gib
die Frage in die Runde.
Die Zettelchen in der Mitte werden jeweils bei Erreichen eines grünen oder
roten Feldes in der entsprechenden Farbe
gezogen. Das jüngste Kind beginnt. Ach-
tung: Keiner muß müssen – jede Aufgabe,
jede Frage darf weitergegeben werden.
Machen Sie den Kindern das ganz deutlich, bevor das Spiel beginnt.

Ich bin geborgen

Vertrauen kann die Angst aufwiegen. Das
Gefühl, von einer Gemeinschaft getragen
zu werden, vermittelt Geborgenheit und
Sicherheit. Das können die Kinder im
Spiel ganz praktisch erleben.
Ein Kind darf sich auf ein reißfestes Tuch,
zum Beispiel ein Bettlaken, legen. Wenn
die anderen Kinder schon in der Lage
sind, das Tuch ganz sicher festzuhalten,
greifen sie nach den Zipfeln und schau-
keln das Kind sachte. Bei kleineren Kindern sollten zwei Erwachsene das Tuch
aufnehmen.

7

„Ich darf ‚Nein' sagen und traue mich auch" – Wie wir Kinder ermutigen, „Nein" zu sagen

Lernziel: Starke Kinder

Selbstvertrauen und Abgrenzung, „Ja"- und „Nein"-Sagen sind die Grundsteine für eine präventive Erziehung. Doch wie können Kinder das lernen? In den früheren Kapiteln dieses Buches haben Sie eine Reihe von Anregungen und Spielen gefunden, die zum Ziel hatten, die Selbsterfahrung der Kinder zu fördern und zu einem sicheren Selbstwertgefühl beizutragen. Denn Kinder lernen nicht nur am „grünen Tisch". Im selbsttätigen Spiel und im strukturierten Alltag eignen sie sich ihre Umwelt und ihre Fähigkeiten an. Sie finden ihre Themen und ihre Regeln. Wenn es um unseren Beitrag zu einer

präventiven Erziehung geht, sind wir auch als Spielpartner gefragt. Wir können den Kindern Spiele und Geschichten anbieten, die es ihnen ermöglichen, in gefahrvollen Situationen handlungsfähig zu bleiben. Letztlich geht es hier darum, mit den Kindern ein „Frühwarnsystem" zu entwickeln – Lernziel: starke Kinder. Da es sich bei sexuellem Mißbrauch immer auch um Grenzverletzung handelt, steht im Mittelpunkt dieser Spiele die pädagogische Arbeit am Selbstvertrauen der Kinder und an der Grenzziehung: Das mag ich und das nicht. Ich darf mich zur Wehr setzen, und ich weiß, wo ich Hilfe bekomme.

Kein Kind darf zu irgendeiner Übung gezwungen oder genötigt werden. Das gilt grundsätzlich für alle Spiele mit Kindern. Doch im präventiven Bereich müssen wir besonders sensibel dafür sein, daß Form und Inhalt übereinstimmen. Dem einen Kind mag ein Körperkontaktspiel zu dicht an seine Schamgrenzen heranreichen, das andere möchte lieber seinen Turm zu Ende bauen – und das ist in Ordnung. Freuen wir uns daran, daß das Kind bereits in der Lage ist, seine Bedürfnisse zu äußern und sich von unserem Wollen abzugrenzen. Denn damit hat das Kind ja schon ein wichtiges Lernziel erreicht: Ich traue mich, „Nein" zu sagen.

Die Sache mit dem Neinsagen

Mit dem Neinsagen ist es so eine Sache. Auf der einen Seite ist es uns wichtig, daß Kinder es lernen, Grenzüberschreitungen und sexuelle Übergriffe von Erwachsenen abzuwehren, auf der anderen Seite stellt ein eigen-sinniges Kind uns doch vor so manche Herausforderung. Eigensinnige Kinder sind anstrengend und fordernd. Sie machen uns mitunter hilflos, wenn sie nicht so wollen, wie sie sollen. Wir wollen ja auch keinen kleinen Tyrannen im Hause haben.

Es ist ganz selbstverständlich, daß Eltern ihren Kindern Grenzen setzen müssen. Freiraum ohne Grenzen bedeutet Unsicherheit und Orientierungslosigkeit für die Kinder. Ein Kind fühlt sich erst dann angenommen und sicher, wenn es eine konsequente Erziehung auf der Basis einer Angenommenheit erfährt. Zu einer solchen Erziehung gehören auch sinnvolle Regeln, die klar ausgesprochen werden müssen und zum Entwicklungsstand des Kindes passen sollten. Grenzen ohne Freiraum können die Kinder allerdings unselbständig machen und sie ihrer Persönlichkeit und Kreativität berauben. Weniger selbstverständlich ist es, daß auch Kinder ihre Grenzen artikulieren dürfen, ohne daß ihr eigener Wille, ihr „Nein", als Ungehorsam und Respektlosigkeit den Erwachsenen gegenüber gedeutet und geahndet wird.

So sind auch wir in diesem Kernbereich von Prävention, wo es um die Rechte von Kindern geht, Lernende. Wir müssen darauf achten, daß die pädagogischen Ziele, die wir durch Gespräche und Spiele mit dem Kind verfolgen, nicht in Widerspruch

> ### Tip
>
> ○ Ermutigen Sie Ihr Kind, Berührungen, die es nicht mag, abzuweisen. Auch wenn es oft schwer fallen mag, unterstützen Sie Ihre Tochter oder Ihren Sohn auch gegen den Unmut der Großeltern, Verwandter oder Freunde, wenn es von diesen nicht berührt werden mag.
> ○ Beteiligen Sie Ihr Kind an Entscheidungen in der Familie, besonders wenn es die Kinder selbst betrifft, zum Beispiel im Freizeitbereich.
> ○ Akzeptieren Sie auch mal ein „Nein" oder ein „Ich will nicht".

zu unserer Haltung im alltäglichen Umgang geraten. Damit brächten wir die Kinder auf einen „Schlingerkurs", der eher zur Verunsicherung als zur Stärkung des Selbstbewußtseins beiträgt.

Wir wissen, daß im Zweifelsfall der Erwachsene immer stärker und durchsetzungsfähiger ist als das Kind und er sowohl schüchterne als auch lautstarke „Neins" überhören kann. Deshalb sind Rechtfertigungsversuche von Sexualtätern mit dem Argument, das Kind habe sich nicht gewehrt, blanker Zynismus. Denn in jedem Fall trägt der Erwachsene aufgrund seiner Machtposition und seines Erfahrungs- und Wissensvorsprungs die volle Verantwortung für die Situation. Dennoch ist es wichtig, die Kinder in ihrem Widerspruchsgeist zu bestärken, damit sie die Chance, sich zur Wehr zu setzen, nutzen lernen.

Selbstbewußt „Nein" sagen

„Nein" zu sagen, ist eine Möglichkeit. Es gibt aber noch andere Ausdrucksformen, die das „Nein" wachsen lassen können. Man kann „Nein" mit den Händen, mit den Augen, mit dem Gesicht oder dem ganzen Körper sagen. Die folgenden Spiele und Übungen sollen dazu beitragen, daß Ihr Kind das Neinsagen lernt.

Schluß mit Kuß?

Kuß ist nicht Kuß. Es gibt so viele Arten zu küssen, und dann kommt es noch darauf an, von wem man geküßt wird. Welche Küsse kennt Ihr Kind? Gute-Nacht-Küsse, Ich-hab-dich-lieb-Küsse, Knallküsse auf das Ohr, Pusteküsse auf den Hals oder Bauch, Omaküsse, Hundenasenschlabberküsse, Nasenküsse ... Welche Küsse sind angenehm, welche hat Ihr Kind gern und welche nicht? Wer darf Ihr Kind küssen und wer nicht?

Wer darf es wohin küssen und wer nicht? Und: Was kann Ihr Kind tun, wenn es nicht geküßt werden will und auch keinen Kuß geben will?

Kinder werden in ihren Handlungsstrategien sehr erfinderisch, wenn sie die eingebrachten Beispiele im Rollenspiel nachstellen und verschiedene Lösungen ausprobieren können. Suchen Sie gemeinsam mit Ihrem Kind nach solchen Situationen, und spielen Sie sie nach.

Weg mit euch

Schon manchmal in der Nacht
da bin ich aufgewacht.
Da sah ich an meinem Fenster
lauter Gruselgespenster.
Weißt du, wie ich sie verscheuch'?
Ich schrei' ganz laut „Hinweg mit euch!"
Vor lauter Schreck
sind sie dann weg.

Vielen Kindern fällt es gar nicht leicht, dieses „Nein" gerade auch in eher bedrohlichen Situationen deutlich und selbstbewußt vorzutragen. Zu oft haben sie schon gehört, daß es sich für ein Kind nicht gehört. Es braucht Mut dazu, und auch den kann man lernen. Ein lautes und unmißverständliches „Weg mit euch!" kann vielleicht sogar Gespenster verjagen.

Aus einem Kreis von mehreren Kindern geht ein Kind in die Mitte. Die anderen spielen die Gespenster. Sie schleichen, hüpfen, kriechen an das Kind in der Mitte heran. Wenn dem Kind die Gespenster zu nahe kommen, kann es sie durch ein kräftiges „Weg mit euch!" verscheuchen. Dann müssen die frechen Gespenster wieder an ihren Ausgangsort zurück.

Da diese Übung auch reale Ängste mobilisieren kann, sollen die Kinder nur freiwillig den Kreis betreten. Sie können selbst am besten einschätzen, was sie sich zumuten können.

Das Spiel ist auch ein guter Anlaß, über die eigenen Ängste der Kinder ins Gespräch zu kommen.

Wortduell

Wer mit Selbstbewußtsein sagen kann, was er will oder nicht, ist einem deutlichen „Nein" schon wesentlich näher. Zwei Kinder sitzen sich gegenüber. Was man erreichen will, muß vorher bestimmt werden. Zum Beispiel: Das Kind soll erreichen, daß der andere aufsteht und geht. Also muß es mit Worten versuchen, daß dies geschieht.

Eine andere Möglichkeit ist zu sagen: „Ich will mit dir spielen." Wieder muß mit Worten versucht werden, daß der andere mitspielt. Der andere Spieler kann darauf eingehen oder sollte erklären, warum er nicht will.

Ich sage: Halt

Kinder sollen lernen, zuerst mit Worten, dann mit der Körperhaltung und zuletzt mit den Augen einen Menschen zu hindern, ihnen zu nahe zu kommen. Am besten ist es, wenn Sie zunächst mitspielen.

Die Spieler stehen sich in einem Abstand von mindestens drei Metern gegenüber. Einer darf befehlen, der andere soll folgen. Der Befehl lautet: „Komm jetzt näher!" Beim ersten Durchgang dürfen die Kinder laut sagen, sogar schreien: „Und jetzt bleib stehen! Komm nicht näher!"

Beim zweiten Durchgang wiederholt sich das Spiel. Der Befehl lautet: „Komm jetzt näher!" Nun wird nur mit der Körperhaltung gezeigt: „Und jetzt bleib stehen! Komm nicht näher!" Dafür dürfen auch die Hände zur Unterstützung benutzt werden. Beim dritten Anlauf darf das Kind nur noch mit den Augen deutlich machen: „Stehenbleiben!"

Alle Durchgänge werden mehrfach durchgespielt, damit verschiedene Verhaltensweisen ausprobiert werden können. Bei drei- bis vierjährigen Kindern genügt es, wenn nur die Rollen getauscht werden, nachdem Sie gezeigt haben, wie das Spiel funktioniert. Es genügt, kleineren Kindern zu zeigen, daß sie mit Augenbewegung, Körperhaltung und Worten bestimmte Reaktionen erzielen können. Bei älteren Kindern ist es wichtig, darüber zu sprechen, wie sie sich in der Rolle des Befehlenden gefühlt haben und wie das „Und jetzt bleib stehen! Komm nicht näher!" auf sie gewirkt hat.

Schlechte Geheimnisse sage ich weiter –
Ich hab's gesagt!

Eigentlich wollte ich euch gar nicht davon erzählen, weil es eine ziemlich blöde Geschichte ist. Ich tue es aber trotzdem, weil ich jetzt weiß, daß man sich besser fühlt, wenn man so blöde Sachen erzählen kann. Dann fühlt man sich nicht mehr so allein. Also, ich bin Richard und vor zwei Wochen acht Jahre alt geworden. Ich hatte mich so darauf gefreut, aber es wurde der doofste Geburtstag in meinem ganzen Leben. Aber irgendwie war er auch gut, denn da ist alles rausgekommen. Vielleicht erzähle ich besser von Anfang an.

Ich habe einen Onkel. Der heißt Bruno. Er ist mein einziger Onkel und war auch mein allerliebster. Der hatte nämlich immer so tolle Ideen. Wenn Rummel war, hat er mich mitgenommen, und ich durfte alle Karussells ausprobieren. Der ist sogar immer mitgefahren. Papa macht das nie. Dem wird dann schwindelig. Und Zuckerwatte und gebrannte Mandeln und so einen roten, süßen Apfel – habe ich alles gekriegt. Bei Mama darf ich mir immer nur eine Sache aussuchen.

Zu Hause hat er uns auch oft besucht. Mama und Papa fanden das auch toll, weil Onkel Bruno dann auf mich aufpassen konnte. Mama und Papa sind dann ins Kino gegangen und haben Filme geguckt, für die ich noch zu klein bin, haben sie gesagt. Onkel Bruno hat mich dann immer ins Bett gebracht und mir tolle Geschichten erzählt. Die hat er selbst erfunden. Und so viele Spiele kannte der! Papa muß immer so viel arbeiten. Der ist dann zu müde zum Spielen.

Eins davon fand ich richtig super. Da spazieren die Finger von Onkel Bruno meinen Arm hoch, die sind dann erst der Bär und dann die Maus, und dann sagt er: „Da kommt der Bär, der geht so schwer. Da kommt die Maus, kille, kille in ihr Haus.“ Dann kribbelt er mir am Hals, und die Maus verschwindet in meinem Ohr. Das hat ganz toll gekitzelt, und ich habe so eine richtige Gänsehaut gekriegt. Ich wollte das immer wieder spielen. Dann ist der Bär auch auf meinem Bein hochgelaufen, immer höher – und plötzlich ist die Maus in meiner Unterhose verschwunden.

Vor lauter Schrecken habe ich erst gelacht. Ich wußte nicht so recht, wie ich das finden sollte. Aber Onkel Bruno lachte auch und sagte, da sei doch gar nichts dabei. Das würde doch irren Spaß machen. Das würden alle Kinder gerne spielen. In meinem Bauch blieb aber so ein komisches Gefühl, und ich hoffte, daß wir das nächste Mal wieder was anderes spielen.

Beim nächsten Mal wurde es aber noch komischer. Da wollte Onkel Bruno, daß ich der Bär und die Maus sein soll. Ich hab das dann gemacht, und als die Maus verschwinden wollte, merkte ich, daß Onkel Bruno seine Hose aufgemacht hatte, und die Maus sollte da reinlaufen. Ich habe einen totalen Schrecken gekriegt und mich auch ein bißchen geschämt, weil ich wollte das eigentlich nicht. Ich wollte aber auch nicht, daß Onkel Bruno böse auf mich ist, weil er doch sonst auch immer so lieb zu mir ist. Und er guckte auch irgendwie so, wie er sonst nie guckt. Am liebsten hätte ich geweint. Dann nahm mich Onkel Bruno in seinen Arm, gab mir einen dicken Kuß und war wieder wie früher. Er sagte noch, daß das ein besonderes Spiel ist, das er nur mit mir spiele, weil er mich so lieb hat. Und ich soll keinem davon erzählen, auch Mama und Papa nicht, weil die dann ganz traurig sind und wir beide dann nie mehr auf den Rummel gehen können.

Er hat mich dann sein „kleiner Prinz" genannt. Ich wäre jetzt sein allerbester Freund, denn nur die allerbesten Freunde hätten ein Geheimnis. So ein Geheimnis unter Männern darf man keinem auf der Welt verraten, weil dann ist man nicht mehr befreundet.

Die Tage darauf mußte ich immer daran denken und hatte so einen richtigen Kloß im Hals und einen Stein im Bauch. Mama fragte mich, ob irgendwas wäre, aber ich konnte ihr doch nichts erzählen! Ein Geheimnis darf man nicht verraten! Ich wollte sie auch nicht traurig machen. Und was sollte ich ihr auch sagen? Ich habe ja mitgemacht. Und dann ist Mama vielleicht auf Onkel Bruno und mich böse? Und er ist nicht mehr mein Freund.

Dann kam mein Geburtstag. Onkel Bruno war wie immer eingeladen. Ich wollte aber nicht, daß er kommt. Ich wollte ihn am liebsten gar nicht mehr sehen. Aber Mama sagte nur: „Du kannst doch nicht ohne deinen Lieblingsonkel feiern." Da hatte sie auch wieder recht.

Als er dann reinkam und mich auf den Arm nahm und „mein kleiner Prinz" zu mir sagte, da wollte ich nur noch weg. Ich bin in mein Zimmer und habe ganz doll geheult. Ich weiß auch nicht, was mit mir los war. Mama hat sich dann zu mir gesetzt und hat mich erst mal nur gestreichelt. Sie war ganz lieb und erzählte, daß sie als kleines Mädchen auch manchmal unglücklich war. Und dann hat sie es ihrer Mama erzählt, und dann war es schon wieder irgendwie besser. Es gäbe Geheimnisse, die liegen so schwer wie ein Stein im Bauch. Die darf man auch weitererzählen, weil das sind schlechte Geheimnisse.

Dann geht es einem hinterher viel besser. „Steine im Bauch. Das habe ich doch auch!" dachte ich. Vielleicht hatte Mama ja auch so einen Onkel? Als sie noch sagte, egal was ist, sie hat mich immer lieb, da habe ich mir einen Ruck gegeben und ihr alles erzählt. Mama hielt mich ganz fest dabei, weil ich immer wieder heulen mußte. Sie hat auch gar nicht mit mir geschimpft. Und traurig war sie auch nicht. Und daß sie verstehen kann, daß ich mich ganz schlecht fühle, hat sie gesagt. Und dann noch, daß solche Spiele nicht in Ordnung sind und daß ich aber keine Schuld habe, weil ich noch ein Kind bin. Aber Onkel Bruno, der ist erwachsen und der weiß, daß er das nicht darf. Darum hat er immer gewartet, bis er mit mir alleine war, und darum sollte ich es auch nicht weitererzählen. Als sie sagte, daß sie mit Onkel Bruno reden wollte, habe ich erst ein bißchen Angst gehabt, daß er jetzt ganz traurig ist.

Sie wollte ihm sagen, daß er in nächster Zeit nicht wieder herkommen darf und daß er sich erst mal bei einem Arzt oder so Hilfe holen muß, damit er so etwas nie wieder mit Kindern tut. Und daß sie mich nie wieder mit ihm alleine läßt. Und daß sie in Zukunft auf mich hören will, wenn ich jemanden nicht einladen will.

Da war ich ganz froh, und weinen mußte ich auch nicht mehr. Jetzt weiß ich, was es heißt, wenn Papa sagt: „Mir fällt ein Stein vom Herzen!" Bei mir war es ein ganzer großer Berg!

Gut, daß ich es gesagt habe. Schlechte Geheimnisse sage ich jetzt immer weiter, weil die sind gemein. Drückt dich auch ein schlechtes Geheimnis? Sag es weiter!

Gute und schlechte Geheimnisse

Sexuelle Handlungen an Kindern sind schon schlimm genug. Ihre traumatisierende Wirkung hängt darüber hinaus weitgehend mit dem Geheimnisdruck zusammen, dem die Kinder ausgesetzt sind. Der Täter appelliert an kindliche Treue: „Wir sind doch Freunde", an kindliche Ehre: „Du bist doch keine Petze" oder an kindliche Ängste: „Wenn du das weitersagst, kommst du ins Heim, bringe ich deine Katze um, verprügle ich dich …!"

Kinder lieben und brauchen Geheimnisse in unserer oft allzu realistischen und vordergründigen Welt. Wir wollen sie ihnen auch nicht nehmen. Unsere Angebote richten sich lediglich gegen den Mißbrauch dieses Bedürfnisses. Wir bestärken sie in ihrer Freude an geheimnisvollen Dingen und geben ihnen Orientierung, um zwischen guten und schlechten Geheimnissen unterscheiden zu können. Das ist manchmal gar nicht so einfach.

„Gute Geheimnisse sind solche, die Freude bereiten, wie ein Geburtstagsgeschenk oder ein im Park vergrabener Schatz. Diese Geheimnisse machen gute Gefühle und vielleicht auch ein freudiges Kribbeln im Bauch.

Schlechte Geheimnisse machen Kummer und Angst. Man fühlt sich damit ganz unglücklich und allein. So ein schlechtes Geheimnis ist beispielsweise, wenn ein

anderes Kind dir dein Kuscheltier weg-
nimmt und du keinem etwas sagen sollst,
sonst will es dich verhauen. Ein schlechtes
Geheimnis ist mehr eine Drohung, die
einem Angst macht und eigentlich überhaupt kein Geheimnis, denn das darf man
weitererzählen."

Sammeln Sie mögliche Geheimnisse mit
einem Kind oder einer Kindergruppe, und
überlegen Sie gemeinsam, ob es sich um ein
gutes oder schlechtes Geheimnis handelt.
Dabei können Sie in altersgerechter Form
auch Beispiele von körperlichen oder
sexuellen Übergriffen einfließen lassen:

❍ Im Kindergarten bastelst du eine Weih-
nachtsüberraschung für deine Eltern.
Ihr verabredet, daß das Geschenk bis
Weihnachten ein Geheimnis bleiben
soll.

❍ Auf dem Heimweg sprechen dich
andere Kinder an und zwingen dich,
ihnen dein Taschengeld herauszugeben.
Sie sagen, wenn du das weitererzählst,
gibt es Prügel.

❍ Beim heimlichen Doktorspielen zieht
dir ein Kind, das du eigentlich gerne

magst, die Hose herunter, obwohl du
ihm gesagt hast, daß du das nicht willst.
Es droht: „Wenn du das weitersagst,
dann spiele ich nie wieder mit dir!"

❍ Du hast dir aus dem Küchenschrank
heimlich einen Lutscher stibitzt, und
deine Freundin hat es gesehen. Sie
will, daß du ihr jetzt jeden Tag einen
Lutscher mitbringst, sonst sagt sie es
deiner Mama.

❍ Ein Mann berührt in der Badeanstalt
deine Geschlechtsteile und droht, wenn
du anderen etwas davon erzählst,
würde er dich ertränken.

Die Kinder werden aufmerksam zuhören,
wenn Ihnen Geheimnisgeschichten aus
Ihrem eigenen Kindererleben einfallen.
Erzählen Sie, wie es Ihnen mit schlechten
Geheimnissen ging, was und wer Ihnen
möglicherweise geholfen hat. Sie machen
damit deutlich, daß Sie wissen, daß Kinder
in großer Not sein können und daß sie
daran nicht schuld sind. Nehmen Sie den
Kindern die Angst davor, bestraft zu werden, auch wenn sie glauben, etwas getan
zu haben, das sie eigentlich nicht durften.

Ich hole mir Hilfe

Vier sechsjährige Kinder spielen an einem Kanal, obwohl ihre Eltern, die etwas entfernt auf einer Wiese picknicken, es ihnen ausdrücklich verboten haben. Ein Kind fällt hinein. Aus Angst vor Strafe für ihr verbotenes Handeln trauen sich die übrigen Kinder nicht, die Eltern zu alarmieren und um Hilfe zu bitten. Das Kind ertrinkt.

So etwa lautete eine Zeitungsmeldung vor einiger Zeit, die ich nicht vergessen kann. Hier wird deutlich, wie hilflos und ausgeliefert Kinder sich fühlen können, wenn in Notsituationen die Angst vor Strafe gegenüber dem Vertrauen in die Erwachsenen überwiegt.

Nun ist dies ein Beispiel aus einer ursprünglich eher alltäglichen Lebenssituation. Um wieviel größer muß die Not eines Kindes sein, das im Fall von sexuellen Übergriffen einem mehrfachen Schweigegebot unterliegt: dem eigenen Schuldbewußtsein, dem Geheimnisdruck des Täters und dem Sexualtabu der Bezugspersonen?

Wir können die Kinder durch unsere Haltung, im Gespräch und durch Spielangebote auch mit folgenden Botschaften handlungsfähiger in gefahrvollen Situationen machen:

Ich höre dir zu.

Ich vertraue und glaube dir.

Ich kenne die Not, die Kinder haben können. Ich war auch mal klein.

Du trägst keine Schuld!

Ich werde alles tun, dir zu helfen.

Kinder machen kleine Fehler, Erwachsene machen große. Sie sind nicht perfekt.

Wer sich Hilfe holt, ist kein Schwächling, sondern ein Schlauer.

Auch wenn du klein bist: Gemeinsam sind Kinder stark!

Gemeinsam sind wir stark

Große Leute sind oft stärker als Kinder und scheinen auch viel mehr zu können.

Wenn sich kleine Menschen Hilfe holen, dann können sie gemeinsam stark sein.

Wollt ihr das mal ausprobieren?

Jedes Kind versucht zunächst allein, etwas Schwieriges zu tun, zum Beispiel

○ ein Laken zu falten,

○ einen Tisch hochzuheben,

○ einen Erwachsenen aus der Tür zu schieben,

○ einen großen Korb zu tragen.

Wenn das Kind merkt, daß es die Aufgabe allein nicht schafft, geht es zum anderen Kind und bittet um Hilfe. Falls sie dann noch Hilfe brauchen, bitten sie ein drittes Kind ...

Ich bin in den Brunnen gefallen

Die Kinder stehen im Kreis, ein Kind hockt in der Mitte und sagt:
„Ich bin in den Brunnen gefallen!" –
„Wie tief ist er?" – „ ... Meter."
„Wie können wir dich herausholen?"
„Indem ihr mein Lieblingslied singt!"
oder „Indem ihr mich streichelt!"
„Indem ihr auf einem Bein durch den Raum hüpft."
Das Spiel bietet einen schönen Anlaß für einen Erfahrungsaustausch, in dem Kinder von schwierigen oder gefahrvollen Erlebnissen berichten unter der Überschrift: Wie und von wem kann ich mir Hilfe holen, wenn ...

Das Was-Wäre-Wenn-Spiel

Als Grundlage kann eine Sammlung von guten und schlechten Geheimnissen dienen. Es geht darum, spielerisch mit den Kindern Überlegungen anzustellen, wie sie sich in geheimnis- und gefahrvollen Situationen verhalten und wen sie um Hilfe bitten können, zum Beispiel:
○ Was wäre, wenn deine Mutter dich bäte, deinem Bruder nichts über sein Geburtstagsgeschenk zu erzählen?
○ Was wäre, wenn du in einem Kaufhaus plötzlich deine Eltern aus den Augen verlieren würdest?
○ Was wäre, wenn du in einem Restaurant auf der Toilette wärst, und eine Person zeigt dir ihre Geschlechtsteile?
○ Was wäre, wenn ein Fremder käme und behauptet, deine Mutter sei plötzlich ins Krankenhaus gekommen und deshalb wolle er dich dahin bringen?
○ Was wäre, wenn dich jemand nach dem Weg fragt und dich bittet, in sein Auto einzusteigen, damit du ihm den Weg zeigen kannst?
Es gibt nicht immer nur eine Antwort, die für jedes Kind stimmt. Das selbsttätige Nachdenken und Diskutieren, das Finden auch unterschiedlicher Handlungsmöglichkeiten ist wichtiger, als wenn Sie versuchen, dem Kind DIE richtige Antwort einzuprägen, weil gerade die für den Ernstfall, der immer ein bißchen anders ist, auch die falsche sein kann. Das Kind nimmt spielerisch gefahrvolle Situationen vorweg und erweitert damit sein Handlungsrepertoire.

Spinnennetz

Jedes Kind knüpft sein eigenes „Hilfsnetz": Dazu erhalten die Kinder jeweils ein Brett, in das sie kleine Nägel einschlagen. Mit einem Wollfaden wird daraus ein Spinnennetz gesponnen. Die Kinder zeichnen diejenigen, die sie in schwierigen Situationen um Hilfe bitten können, auf kleine Papiere, die sie dann an die Nägel hängen. Schulkinder können auch die Namen aufschreiben. Machen Sie die Kinder auch mit öffentlichen Hilfsangeboten wie Kindernotdienst oder anderen sozialen Diensten vor Ort bekannt. Die Kinder machen dabei die wertvolle Erfahrung, daß sie nicht alleine dastehen, daß es Menschen gibt, denen sie ihre Not anvertrauen und die ihnen helfen können.

Ich weiß Bescheid – Mit Kindern über Mißbrauch reden

„Mama, die Erzieherin hat gesagt, im Park schleicht so ein Mann herum. Wir sollen aufpassen? Was will der denn?"
„Papa, was meint der Mann im Fernsehen mit: ‚Schon wieder wurde ein Kind sexuell mißbraucht?'"
„Warum darf Lisa nicht mehr bei ihren Eltern wohnen? Was hat Lisa denn gemacht?"

Kinder haben leider heutzutage viele Anlässe, solche und ähnliche Fragen zu stellen. Freuen wir uns, wenn sie mit diesen Ungewißheiten zu uns kommen, denn sie schenken uns damit ihr Vertrauen. Das sollten wir durch ausweichende und wiederum verunsichernde Antworten nicht enttäuschen.

Unsere Furcht, Kinder mit ehrlichen Antworten zu erschrecken, ist im sexuellen Bereich ungleich größer als im nichtsexuellen. Wir warnen sie vor Giften und Gefahren der Umwelt, wir erzählen von den Schrecken des Krieges und von Hungersnöten in Afrika, den elternlosen Straßenkindern in Brasilien – aber scheuen uns, die Gefahr zu nennen, die uns selbst größte Furcht einflößt: den sexuellen Mißbrauch.

Wir wissen aber, daß gerade Phantasien Kinder ängstigen können, um so mehr, wenn sie den Eindruck haben, sie könnten sich damit keinem anvertrauen. Kinder sind nie zu jung für Vertrauen und Ehr-

lichkeit auf Seiten der Erwachsenen. Es mag manchen von uns nicht leicht fallen, die richtigen Worte zu finden – und das könnte dann schon der erste Satz sein: „Es fällt mir nicht leicht, die richtigen Worte zu finden, weil das eine schreckliche Sache ist, die manche Erwachsenen mit Kindern machen wollen. Ich erzähle dir mal eine Geschichte von Richard (siehe Seite 84). Dem ist so etwas passiert."

Mitunter ist es auch ausreichend, wenn Sie dem Kind sagen, daß es Menschen,

Was sind das für Menschen?

Was sind das nur für Menschen, die Kinder in dieser Weise um ihr Vertrauen zu sich selbst und in die Welt bringen? Es gibt keine Anhaltspunkte, die einen Täter kennzeichnen, weder Bildungsgrad noch Lebensgewohnheiten engen den Kreis der potentiellen Täter ein.

Nur eines ist gewiß: Öfter stammt der Täter aus dem Familien- oder Bekanntenkreis des Kindes. Er unterscheidet nicht zwischen seinen Bedürfnissen und denen des Kindes. Er betrachtet das Kind als seinen Besitz, den er für seine sexuelle Lust und manchmal auch Geld ge-braucht. Er erkennt dem Kind sein Recht als eigenständiges Wesen und seinen Anspruch auf eine geschützte und unbekümmerte Kindheit ab.

meist Männer und manchmal Frauen gibt, die Spaß daran haben, Kindern ihre Geschlechtsteile zu zeigen oder sie von ihnen berühren zu lassen. Oder daß sie Kinder nackt anschauen oder berühren wollen. Sagen Sie Ihrem Kind: „Das ist verboten, denn Kindern gefällt das nicht. Diese Erwachsenen oder Jugendlichen wissen auch, daß das verboten ist, denn sie versuchen, die Kinder dazu zu zwingen, daraus ein Geheimnis zu machen, das sie niemandem weitererzählen dürfen. Manche Kinder halten sich daran, aus

Angst, ihre Eltern würden ihnen nicht glauben oder schimpfen und sagen, daß sie selber schuld sind.

Kinder haben aber niemals Schuld daran. Wenn dir so etwas passiert, erzähle es mir. Ich werde dir auf jeden Fall glauben und alles tun, um dir zu helfen."

Das sind nur zwei Möglichkeiten, auf die Frage der Kinder nach sexuellem Mißbrauch einzugehen. Sicher werden Sie Ihre eigene Sprache und Art finden, um Ihrem Kind zu signalisieren: Ich vertraue dir – du kannst mir auch vertrauen.

Ich habe einen Verdacht: Was tun?

Marie ist eigentlich immer ein fröhliches Kind gewesen. Sie war schon relativ früh selbständig und hat sich voller Selbstvertrauen ihre Lebenswelt erobert. Gelacht hat sie viel, und ihr Plappermäulchen schien nie stillzustehen. Doch in letzter Zeit wirkt sie niedergeschlagen und bedrückt. Sie ißt kaum, und manchmal pinkelt sie nachts wieder ins Bett. Neulich wachte sie schweißgebadet und weinend mitten in der Nacht auf. Das alles kennen die Eltern gar nicht von ihr.

Was ist los mit Marie? Was hat sie erlebt? Marie ist in Not, so viel läßt sich sagen. Welcher Schatten auf ihre kleine Seele gefallen ist, wissen wir nicht. Vielleicht hat sie Kummer mit ihrer Freundin, vielleicht leidet sie unter uneingestandenen Spannungen ihrer Eltern. Vielleicht hat sie eine sexuelle Mißbrauchserfahrung erdulden müssen. Vielleicht!

Was Marie jetzt braucht, ist Zuwendung, Gelassenheit, Aufmerksamkeit – jemanden, der ihr vermittelt: „Ich habe dich lieb und bin bei dir, egal was ist!"

Was Marie auf keinen Fall braucht, sind Panik und hektische Betriebsamkeit auf Seiten der Eltern oder gar detektivische Kleinarbeit und scharfsinnige Indiziensuche vor dem Hintergrund eines diffusen Mißbrauchsverdachts.

Verhaltensauffälligkeiten können viele Ursachen haben. Vor einigen Jahren kursierten in Kindergärten Listen mit Verhaltensweisen, die als Hilfen für eine Verdachtsabklärung auf sexuellem Mißbrauch verstanden wurden. Es handelte sich dabei um Auffälligkeiten, die bei mißbrauchten Kindern häufig beobachtet wurden, zum Beispiel: totaler Rückzug (eher bei Mädchen), verstärkte Aggression (eher bei Jungen), Einnässen, Angst vor bestimmten Personen oder vor dem Alleinsein, Depressionen, Schlafstörungen, sexualisiertes Verhalten, sexuelle Aktivitäten im Spiel ...

Problematisch wurden und sind die Listen erst dann, wenn sie nicht für das genommen werden, was sie sind, nämlich eine

Aufzählung von Verhaltensweisen, die man bei Kindern, von denen man bereits wußte, daß sie mißbraucht wurden, beobachtet hatte. Der Umkehrschluß führt hingegen in die Irre: Wenn ein Kind einen oder mehrere dieser Punkte „erfüllt", liegt der Verdacht nahe, daß dieses Kind Mißbrauchserfahrungen erleidet oder erlitten hat. Dann gilt es „nur noch" herauszufinden, wer es war! Richtig und wichtig ist schon, einen möglichen Mißbrauch mitzudenken. Wir sollten uns jedoch davor hüten, vorschnell einen „kleinen Gerichtsprozeß" im Kopf auszutragen und fieberhaft nach Indizien und Beweisen zu suchen.

Es gibt kein „Krankheitsbild" bei sexuellem Mißbrauch – wie etwa ein Schnupfen auf Erkältung hindeuten kann. Es gibt kein „Mißbrauchssyndrom", das auf der Ebene von Verhaltensauffälligkeiten diagnostizierbar wäre. Zunächst einmal zeigen diese Verhaltensweisen vieldeutige und altersabhängige Reaktionen auf emotionale Belastungen und seelische Problemlagen an. Das kann Mißbrauch, aber auch etwas anderes sein.

Es ist in jedem Fall geboten, sich der möglicherweise noch unverstandenen Not des Kindes zuzuwenden. Das Kind braucht zunächst bei Mißbrauchserfahrungen dasselbe, wie bei anderem Kummer: verständnisvolle Zuwendung und vertrauensvolles Zuhören von Erwachsenen, die das aushalten. Erst in einer sicheren und geduldigen Beziehung vermag sich ein Kind zu öffnen. Wenn Sie dabei das Gefühl nicht loswerden, Ihr Kind sitzt auf einem es stark belastenden Geheimnis, versuchen Sie nicht, es ihm unter Druck

oder Zwang zu entreißen. Sie riskieren sonst, die Vertrauensbasis zu verlieren, die das Kind braucht, um seine Angst vor den wirklichen oder phantasierten Konsequenzen des Geheimnisbruchs zu überwinden.

Entlasten und stärken Sie sich selbst, indem Sie über Ihre Wahrnehmungen und Beobachtungen mit Ihrem Partner oder Ihrer Partnerin oder einer anderen Person Ihres Vertrauens sprechen. Holen Sie sich gegebenenfalls Hilfe von außen, bei Ihrem Kinderarzt oder gegebenenfalls bei einer Beratungsstelle. Vielleicht werden Sie auch bei den Grundgedanken und praktischen Anregungen in diesem Buch fündig, die sowohl der Vorbeugung dienen als auch Hilfestellung für Kinder sein können, ihre Nöte mitzuteilen.

Tip

Bei Gefühlsausbrüchen und hektischer Betriebsamkeit der Erwachsenen geraten die Kinder leicht ins Abseits. Zu oft habe ich bei einem Verdacht auf sexuellen Mißbrauch erlebt, daß in dem verzweifelten Bedürfnis, einen Täter und Tathergang dingfest zu machen, der Kontakt zum hilfebedürftigen Kind völlig aus dem Blick geriet. Ein „Mißbrauch" des vermuteten Mißbrauchs, weil auch hier wieder leicht die Gefühle und Bedürfnisse des Erwachsenen zum Maßstab eines überstürzten Handelns gemacht werden. Ruhe bewahren ist hier das oberste Gebot!

Adressen von Beratungsstellen

Ärztliche Beratungsstelle bei Kindesmißhandlung
in Zusammenarbeit mit dem
Deutschen Kinderschutzbund
Kinderschutzberatungsstelle
Kirberichshofer Weg 27
52066 **Aachen**
Tel. 0241/949 94–0

Deutscher Kinderschutzbund
Ortsverband Aachen e. V.
Kirberichshofer Weg 27–29
52066 **Aachen**
Tel. 0241/949 94–0

Kinderschutz-Zentrum Berlin
Karl-Marx-Str. 262
12057 **Berlin**
Tel. 030/68 39 11–0

Ärztliche Beratungsstelle gegen Vernachlässigung
und Mißhandlung von Kindern e. V.
Deutscher Kinderschutzbund
Ernst-Rein-Str. 53
33613 **Bielefeld**
0521/13 08 13

Kinderschutz-Zentrum Bremen
Vor dem Steintor 87
28203 **Bremen**
Tel. 0421/700037

Ärztliche Beratungsstelle gegen Mißhandlung und
Vernachlässigung von Kindern e. V.
Vestische Kinderklinik
Lloydstr. 5
45711 **Datteln**
Tel. 02363/975-0

Ärztliche Beratungsstelle gegen Vernachlässigung
und Mißhandlung von Kindern e. V.
Kreuzstr. 24
44139 **Dortmund**
Tel. 0231/130 09 81

Arbeitsgruppe Ärztliche und psychosoziale Hilfe
Beratungsstelle für mißhandelte und vernachlässigte
Kinder und ihre Eltern e. V.
Deutscher Kinderschutzbund e. V.
Roonstr. 30
52351 **Düren**
Tel. 02421/30 14 58

Kinderschutz-Ambulanz
Ev. Krankenhaus Düsseldorf
Kirchfeldstr. 40
40217 **Düsseldorf**
0211/919 37 00

Kinder- u. Jugendschutzzentrum
Goethestr. 60
99096 **Erfurt**
Tel. 0361/562 62 46

Ärztliche Beratungsstelle gegen Vernachlässigung
und Mißhandlung von Kindern
Weberplatz 1
45127 **Essen**
Tel. 0201/23 66 11

Ärztliche Beratungsstelle beim Deutschen
Kinderschutzbund / Kreisverband Esslingen
Vogelsangstr. 12
73728 **Esslingen**
Tel. 0711/35 29 55

Kinderschutz-Zentrum Göppingen
Marktstr. 52
73033 **Göppingen**
Tel. 07161/96 94 94

Kinderschutz-Zentrum Gütersloh
Hilfe für Kinder und Eltern e. V.
Schulstr. 13
33330 **Gütersloh**
Tel. 05241/149 99

Bezirkliches Kinderschutzzentrum Harburg
Eißendorfer Pferdeweg 40
21075 **Hamburg**
Tel. 040/79 01 04-0

Kinderschutz-Zentrum Hamburg
Beratungsstelle für Familien
Emilienstr. 78
20259 **Hamburg**
Tel. 040/491 00 07

Ärztliche Beratungsstelle gegen Vernachlässigung
und Mißhandlung von Kindern in der Kinderklinik
St. Elisabeth
Nordenwall 22
59065 **Hamm**
Tel. 02381/18–17 61

Kinderschutzzentrum Hannover GmbH
Schwarzer Bär 8
30449 **Hannover**
Tel. 0511/458 16 23

Kinderschutz-Zentrum Heidelberg
Gaisbergstr. 53
69115 **Heidelberg**
Tel. 06221/60 08 19

Kinderschutzbund
Kreisverband Nordfriesland e. V.
Osterende 61 a
25813 **Husum**
Tel. 04841/25 75

Deutscher Kinderschutzbund e. V.
Ortsverband Kiel e. V.
Kinderschutz-Zentrum
Zastrowstr. 12
24114 **Kiel**
Tel. 0431/168 31

Kinderschutz-Zentrum
Spichernstr. 55
50672 **Köln**
Tel. 0221/51 04 00

Kinderschutz-Zentrum Leipzig e. V.
Humboldtstr. 1
04105 **Leipzig**
Tel. 0341/960 28 37

Kinderschutzdienst
Hartmannstr. 47
67063 **Ludwigshafen**
0621/51 12 11

Kinderschutz-Zentrum Lübeck
An der Untertrave 77
23552 **Lübeck**
Tel. 0451/788 81

Kinderschutz-Zentrum Mainz
Hilfen für Eltern und Kinder
Lessingstr. 25
55118 **Mainz**
Tel. 06131/61 37 37

Kinderschutzzentrum des
Deutschen Kinderschutzbundes
Ortsverband München
Pettenkoferstr. 10 a
80336 **München**
089/55 53 56

Ärztliche Beratungsstelle gegen Vernachlässigung
und Mißhandlung von Kindern e. V.
Hüfferstr. 18
48149 **Münster**
Tel. 0251/41 85 40

Kinderschutz-Zentrum Oldenburg
– Vertrauensstelle Benjamin –
Friederikenstr. 3
26135 **Oldenburg**
Tel. 0441/177 88

Vertrauensstelle Benjamin
Ärztliche Beratung und psychosoziale Hilfe für
mißhandelte und vernachlässigte Kinder und ihre
Eltern e. V.
Friederikenstr. 3
26135 **Oldenburg**
Tel. 0441/177 88

Ärztliche Beratungsstelle gegen Vernachlässigung
und Mißhandlung von Kindern e. V.
Haus der Jugend
Große Gildewart 6
49074 **Osnabrück**
Tel. 0541/25 80 87

Beratungsstelle für Kinderschutz
Psychosoziale und ärztliche Beratung und Hilfe
Berliner Platz 6
40880 **Ratingen**
Tel. 02102/49 91 49

Ärztliche Beratungsstelle Bergisch Land gegen
Kindermißhandlung und -vernachlässigung
Kinderschutzbund – Ortsverband Remscheid
Alte Rathausstr. 4
42853 **Remscheid**
Tel. 02191/271 90

Kinderschutz-Zentrum Saarbrücken
Graf-Johann-Str. 2
66121 **Saarbrücken**
Tel. 0681/691 91

Beratungsstelle des Deutschen Kinderschutzbundes
Ortsverband St. Augustin
Mendener Str. 23
53757 **St. Augustin**
Tel. 02241/280 00

Kinderschutz-Zentrum Stuttgart
Pfarrstr. 11
70182 **Stuttgart**
Tel. 0711/23 87 90–0

Bücher,
die Eltern und
Kindern gut tun

Impressum

© 1998 Christophorus-Verlag GmbH
Freiburg im Breisgau

Quellen der Fremdtexte: S. 18: Wehrfritz,
Wissenschaftlicher Dienst; S. 54: Virginia Satir
und Michéle Baldwin, Familientherapie in
Aktion, Junfermann Verlag, Paderborn 1988

Gesamtherstellung: Hampp Verlag, Stuttgart
Fotos: Hartmut W. Schmidt
Fotos S. 2-3, 10, 51: Andreas Beer, S. 6, 14,
27, 41, 44, 48, 62: Jutta Weser, S. 10, 24, 47:
Rolf Rutzen, S. 32, 38, 39: Carla Francesco
Titelbild: Hartmut W. Schmidt
Illustrationen: Angeles Ruiz
Satz: pws Print und Werbeservice Stuttgart
Layoutentwurf und Umschlaggestaltung:
communicate, Stuttgart
Druck: Franz-Spiegel-Buch, Ulm

ISBN 3-419-53306-3